DIVÓRCIATE Y SÉ FELIZ

Guía para superar
RUPTURAS
(mejor aún, prevenirlas)

GUILLERMO MARTÍNEZ VARELA

DIVÓRCIATE Y SÉ FELIZ

Guía para superar RUPTURAS (mejor aún, prevenirlas)

divorciateysefeliz@gmail.com

Características tipográficas y diseño editorial
© Rosa Mª Porrúa Ediciones
ISBN: 978-607-8601-50-9
Primera edición: 2021
Rosa Mª Porrúa Ediciones
(55) 5525778888
777 1242409
informes@rmporrua.com
www.rmporrua.com

Impreso en México

Para Ustedes

He tenido la fortuna de contar con grandes personas a mi alrededor en mis más grandes momentos de luz y en mis peores ratos de oscuridad. Parte de nuestras pláticas están aquí plasmadas.

Padres, gracias por enseñarme que no se necesita una familia tan grande para poder ser felices, y que hablando cualquier problema se arregla. ¡Los amo!

Pros, "*Sunshine*": No tengo manera de agradecerte la forma en la que crees en mí, eres mi mejor "*coach*" de vida, ¡te amo!

Chamaco, hijo, cómo te explico que hace unos años unas palabras tuyas dieron fuerza a mi llama interior en el momento que más lo necesité. ¡Tu existir me hace tan feliz!

Amigos, hemos recorrido una vida juntos, hemos tenido buenos y malos momentos, han estado ahí cuando los he necesitado y sepan que yo estaré aquí para cuando lo necesiten. Mi más sincero cariño, hermanos.

M, como siempre firmabas tus e-mails, gracias por ayudarme a darle forma a estas líneas, gracias por tus enseñanzas y por lo más valioso que uno puede dar: su tiempo.

Y a todas aquellas personas que han cruzado en mi vida, y han sumado experiencias, anécdotas y lecciones, con el Alma, ¡gracias!

El "*Background*"

Después de varias vivencias amorosas (entre ellas estar casado varios años) y luego de estar a punto de casarme nuevamente sin haber estado preparado para ello, así como las historias de amor y desamor que viví y todo lo que he podido observar en mi andar por más de 14 años en los juzgados, decidí escribir un libro sobre divorciarse, y ¡poder ser feliz!

Cuando platiqué esta idea con gente cercana a mí, pensaron que en mi calidad de soltero, divorciado y feliz, este libro tendría como propósito incitar a las parejas que tuvieran problemas a separarse.

Resultaba gracioso tener que explicar el sentido de las líneas que a continuación vas a leer.

YO NO ME HE CASADO NI ME HE DIVORCIADO, ¿ESTE LIBRO ES PARA MÍ?

Este libro es para todos. Somos entes sociales, y probablemente algunas de las líneas que quiero compartir contigo te pueden servir a ti, a algún familiar o a tus amigos...

Así que, sin más preámbulos, comencemos este trayecto...

¡Infinitas Gracias!

Introducción

Año 2011: Después de cinco años de matrimonio, me encontraba firmando mi divorcio. El sueño de "felices para siempre" se terminaba.

Puede ser que visualices muchos momentos de tu vida: el momento en que vas a tener tu primer carro, tu primer beso, tu primera vez, cuando te gradúas, tu primer trabajo, cuando te casas, tu primer hijo, pero nunca visualizas tu primer divorcio; ni siquiera un segundo o tercero, a menos que seas "*rockstar*" o estrella de Hollywood. Ell@s sí están acostumbrad@s.

Sin embargo, una de las frases más comunes en la actualidad, casi de moda es: "¡Me estoy divorciando!", "¡me acabo de divorciar!" o "¡ya me quiero divorciar!", "¡ya no l@ aguanto!".

Las causas son múltiples y van desde falta de entendimiento, distinta educación, amistades, temas financieros, falta de compromiso, infidelidades, violencia; todas estas se traducen en que el amor se ha ido a otra parte.

Ya sea que estés en una crisis de pareja y tengas esas ganas de divorciarte, probablemente te sientas identificad@ con alguna de las razones que vamos a analizar y que, muchas veces, desencadenan los conflictos en pareja. Y tal vez, solo tal vez... te ayuden a rectificar el camino.

Si, por el contrario, ya tomaste la decisión y no hay marcha atrás, sea cual sea el motivo de tu separación y hayas sido tú, tu pareja o ambos quienes hayan decidido terminar la relación, se concluye un "plan de vida en común" y, por consiguiente, habrá que comenzar un nuevo andar.

Sí, hay que reagruparse y sacar todo lo que ya no sirva en un@ para poderse renovar. De igual forma, hay que aceptar nuestra nueva realidad, pero más importante aún, divorciarse de algunas creencias que probablemente nos han afectado en el pasado y así poder hacer cambios de paradigmas que mejoren la calidad de tus relaciones a futuro.

Es curioso que la sociedad le llame "fracaso" a un divorcio ¡cuando es una enorme oportunidad de renovación! Así que ¡*stop complaining!*[1] Te lo digo por experiencia, no es el fin del mundo. ¡Solamente es el inicio de uno nuevo!

¿Estás dispuesto a divorciarte y renovarte? Tú decides...

Como podrás observar, los capítulos a los que yo denomino "*tracks*[2]" no tienen título, y te preguntarás por qué.

¿Te ha sucedido que una canción te recuerda un momento particular en tu vida? Es por ello que queda a tu elección decidir qué canción se ajusta a tu historia de vida en cada capítulo y ponerle tu propia sintonía. Me encantaría que me compartieras tu "*playlist*"[3].

En las siguientes páginas y en cada "*track*", compartiré historias verídicas de parejas que pueden servirnos de ejemplo. Obviamente, los nombres reales fueron sustituidos por unos ficticios en confidencialidad. En caso de que conozcas a dos personas con esos nombres y ese problema en particular, es mera coincidencia.

---

1 Deja de quejarte.

2 Canciones.

3 Lista musical.

Es hora de iniciar este recorrido juntos. Probablemente te hará recordar algunas cosas de tus relaciones y seguro que reflexionarás en otras, sabiendo siempre que, al finalizar, un nuevo capítulo en tu vida es lo que te tocará escribir...

"...Restart and re-boot yourself. You're free to go! Oh, oh, shout for joy if you get the chance...".

U2. "Unknown Caller", 2009.

TRACK 1

¿QUIERES SER MI NOVI@?

¡Y todo empieza con la pregunta básica!

Ok, si eres "*millennial*" y ya no eres de l@s románticos a la antigua, probablemente ni siquiera le hiciste "la pregunta", simplemente comenzaste a salir con tu "*crush*". Las cosas fluyeron: cine, café, llamadas, mensajes, "*whatsapps*", flores, detalles y ¡pum!, ¡ya son novios!, pero ¿qué significa ser novios?

> Novios: Del lat. ***Novius,*** de ***novus*** 'nuevo'. 1. m. y f. Persona que mantiene relaciones amorosas con otra con fines matrimoniales. 2. m. y f. Persona que va a casarse o acaba de casarse. 3. m. y f. Persona que mantiene una relación amorosa con otra.

Básicamente, el vínculo que se crea es por un sentimiento y si bien, es cierto que en la realidad no todos los noviazgos llegan al matrimonio, sabemos que habrá uno en nuestras vidas que nos conduzca directito al altar.

Pero... ¿qué implica ser novios? De inicio, una atracción sea física, emocional o intelectual, así como una afinidad en carácter, "*hobbies*", ideologías, o a veces esa "química" inexplicable que tienes con tu "*significant other*"[4], solo sabes que existe y sientes en cada uno de los poros de tu piel.

¡Y, sin lugar a dudas, es una de las etapas de las relaciones interpersonales más estupendas de la vida!

4 Pareja, alma gemela.

Todo fluye: ves a tu "*crush*"[5] con muchísima emoción, se divierten hasta cansarse, no existe una sola responsabilidad en común (si la cosa va muy, pero muy en serio, compran y cuidan a un perro o gato), la parte física y pasional está al tope y el sentirte pleno se convierte en tu estado natural.

Esta etapa se llama "enamoramiento" y es un estado tan placentero que tu cuerpo se relaja, segregas mil sustancias en tu cuerpo que te hacen sentir bien (¡la famosa dopamina!) y, evidentemente, quieres estar 24/7 con esa personita especial.

Estudios científicos refieren que esta etapa puede durar meses o incluso años, dependiendo de cada persona y, claro, de las ganitas que los dos le pongan.

Y después de que se han creado tantos sentimientos, tantas experiencias, nuestros queridos enamorados comienzan a hablar de planes a futuro, de una vida en común, de una casa, probablemente de hijos, de hacerse viejitos juntos… Y llega ese día…

Llega "el día" en que nuestro querido novio invita a salir a la enamorada novia a un lugar que él ya tiene preparado y en un acto, que yo considero de los más emotivos que una pareja puede tener, ¡le pide matrimonio!

Foto para las redes sociales con anillo puesto y la frase: "*She said yes!*"[6].

Ya sea que haya sido algo entre ellos dos, hayan hecho partícipes a los amigos más cercanos o incluso familiares, es un momento que queda grabado para siempre...y posiblemente en este momento puede que venga a tu cabeza ese recuerdo... Fue bonito, ¿verdad?

5 Enamorado, amor platónico.

6 Ella dio el sí (a la propuesta de matrimonio).

Ya sea que tú hayas dado o te hayan dado el SÍ, de aquí en adelante comienza la etapa de emoción, planeación, de estrés y de algunos disgustos porque muchas veces los novios no nos ponemos del todo de acuerdo en los detalles de la boda (conozco una "*wedding planner*" buenísima, por si se ofrece), pero al final llega ese gran día cuando decides unir tu vida con alguien más.

Una ceremonia bonita, una fiesta divina, grandes recuerdos de esos momentos: la comida, el baile (¿recuerdas qué canción bailaste?), etc.

Nota: Me encantan las bodas ajenas, "*no pressure at all!*"[7].

Después de toda la euforia vivida, vienen etapas de más tranquilidad. Incluso cerebralmente todo se va calmando, y si con el paso de los años han ido logrando que su relación se fortalezca, ¡te felicito!

Conozco parejas que han conseguido resolver sus diferencias, monotonía y demás problemas de una manera sublime y eso sin duda, habla de que dos personas en sus diferencias y particularidades, han encontrado su fuerza y han formado un equipazo.

Por el contrario, hay otras que cuando la química cerebral y las emociones que de ello derivan, van a la baja y comienza la rutina y la "vida real" (por llamarlo de alguna manera); las cosas se convierten en tedio y ese tedio en indiferencia; esa indiferencia en hielo y ese hielo en separación, ya sea mental, física o sentimental o todas las anteriores, derivando irremediablemente en un truene.

Es probable que muchos de nosotros hayamos escuchado la frase popular: "La fiesta y la luna de miel duran

7 Sin presión alguna.

unos días; el matrimonio, toda la vida". Realmente, no sé cómo se haya ido acuñando la frase, pero tiene mucho de razón.

Antes de continuar, quiero que, en este momento, te hagas esta pregunta y seas lo más honest@ en tu respuesta:

¿En qué momento de mi relación, comenzaron a cambiar las cosas? Escribe tu respuesta aquí abajo:

____

____

____

____

____

____

____

____

Si la relación llegó a un punto insalvable, podemos pensar que fue culpa, única y exclusivamente de la otra persona. Y sí, es probable que, de cierta forma, algunas de las partes involucradas puedan tener actitudes más dolorosas que la otra parte, pero... ¿estás preparado y dispuesto a escuchar esto?

Salvo la violencia o infidelidad, que a veces solo ejerce una de las partes, todos los demás problemas ¡son de DOS!: ¡tu pareja y tú!

Sin querer, la falta de aprecio de los detalles que uno tenía para con el otro, falta de intimidad (desde un beso hasta entregarse), falta de comunicación, y temas financieros "*you name it!*"[8], se traducen en armas que un enemigo silencioso utiliza...

¿Adivinas cómo se llama? Tres letras, un gran problema:

EGO

¿Cuántos problemas no te ha causado una actitud egocéntrica en tu vida? ¿Recuerdas la última vez que tuviste un problema con alguien por querer tener la razón? Y muchas veces podemos tener esa actitud, sin embargo, la forma en la que nos queremos imponer no viene necesariamente de una argumentación lógica, sino de ese ego que nos dice: "Ándale, demuéstrale que tienes la razón, y si no lo entiende, insúltal@, y si continúa con lo mismo, enójate o haz lo que esté en tus manos, pero ¡tú debes ganar!".

En el matrimonio y en toda relación de pareja, el ego juega un papel determinante y, probablemente, una vez estemos fuera de esa relación nos daremos cuenta de cuánto importó.

Nuevamente, se trata del carácter de cada uno de nuestros involucrados, y este carácter muchas veces se fue forjando por patrones de conducta que vimos desde pequeños en nuestras casas, y aquí no se trata de juzgar si fueron buenos o malos. Simplemente, cuando uno llega a formar un nuevo hogar, debemos ir como cuando vamos al primer día de escuela, a un nuevo trabajo o a una nueva actividad: ¡con disposición para aprender nuevas cosas y a pensar fuera de la caja en la que uno ha vivido!

8 Se refiere a que uno le ponga nombre a determinada situación.

Después de todo, ¿qué puedes perder? ¿Qué es lo peor que podría pasar?

¿Cuántas veces no has escuchado en tu círculo más cercano de problemas que llegan a tener las parejas que te resultan ilógicos? y ¿cuántas veces no te has enojado tú por otros problemas que son igualmente absurdos?

Analiza los siguientes casos. Como te lo mencioné en el Intro de este libro, utilizaré estas historias únicamente como un medio de reflexión sobre cada uno de los temas que abordamos.

La ley del más "fuerte"

1.- Graciela consideraba que el domingo se tenía que hacer una actividad de limpieza en el hogar. Sin embargo, Gastón ocupaba la mañana de los domingos para ir a hacer ejercicio. Cuando estos dos individuos comienzan a vivir juntos, Graciela pensaba que era injusto que ella tuviera que hacer esa actividad sola, a causa que Gastón se iba a ejercitar. Por lo que él le propuso mover la actividad de limpieza al sábado, de tal suerte que fuera una situación ganar-ganar.

De esta forma, Gastón ayudaba (estoy convencido de que los hombres debemos tener una participación activa en las tareas del hogar) como se lo pedía Graciela, y así él también tenía su espacio para hacer ejercicio el domingo.

A mí me suena justo. ¿Tú, qué opinas?

¡Graciela no aceptó porque el día correcto para hacer esa actividad solo era el domingo!

Al día de hoy, le sigo preguntando a Gastón si ya encontró el "calendario de limpieza hogareña exclusivo de domingos".

Resultado y consecuencia de lo anterior: ¡no había negociación! Graciela no cedía, Gastón tampoco; llegaba el domingo y ese hogar por las mañanas se convertía en un campo de batallas de egos ¡que acababa mal!

Como parejas debemos crear acuerdos, negociar siempre con un sentido de beneficio para ambos, no solo en lo individual.

2.- Ricardo llevaba más de 10 años de novio con Constanza, fui testigo de que ella lo quería como a nadie en el mundo; tuvieron una boda excepcional, y después de varios años de casados lamentablemente se divorciaron. La razón: él necesitaba indicarle a ella qué tenía que hacer, es decir... ¡controlarla!

Él, al ser una persona exitosa en su ámbito escolar, profesional y laboral, consideraba que era como se decía antes, "quien llevaba los pantalones".

En alguna ocasión le dio una indicación (aunque realmente fue una orden) a Constanza, que ella simplemente olvidó, y eso se convirtió en motivo de pleito durísimo. Así pasaron varias veces en que ciertas pequeñas cosas se salían del control de él y eso le enfurecía a tal grado que le recriminaba que no hiciera las cosas de la forma correcta, y ella le preguntaba cuál era la correcta, a lo que él siempre le contestaba lo mismo: "Lo que yo te dije".

Al final, ella con todo y su amor, no pudo más y terminó pidiéndole el divorcio, y a pesar de que a él eso le dolió en el alma, jamás hizo el intento de disculparse o conciliar, y su única justificación fue: "Así soy yo"

¡El control, disfrazado de ego, ganó una batalla más!

Peleas que pueden comenzar de forma tan absurda, si no tomamos el control de nuestro ego y lo ponemos en el lugar adecuado, pueden terminar en una postura de no avenirse a la reconciliación o en su defecto, en pleito de tribunales.

Te sugiero de ahora en adelante, utilizar estas "tres reglas de oro" en tu relación:

- ¡Guarda tu ego y escucha a tu pareja!
- Al final, qué prefieres en tu vida, ¿tener la razón o ser feliz?
- Para merecer, ¡primero hay que ofrecer!

Introspección

- ¿Qué actitudes en mi relación de pareja adopto con base en mi ego?
- ¿Hasta dónde estuve dispuesto (o estoy dispuesto) a dejar mi ego a un lado?
- ¿Sé perfectamente la diferencia entre autoestima y ego?
- Cuando adopto actitudes egocéntricas, ¿cuál es mi sentir?
- ¿Estoy intentando demostrar algo a través de mi ego?

Cambio de paradigma

Quiero que, en este momento, con el puño derecho cerrado y la mano izquierda en el pecho, repitas en voz alta tu cambio de paradigma. Inhala hondo y mientras vas abriendo el puño y dejas ir esa antigua creencia, repite:

"Hoy me divorcio de la idea de querer tener la razón y de alimentar mi ego. Fortalezco mi autoestima y me dedico a dar lo mejor de mí y a recibir lo mejor de las personas".

TRACK 2

FAMILIA

Vayamos a los orígenes...

Un día cualquiera, tu pareja te invita a conocer a su familia. No sé a ti, pero creo que, en mi caso, sí fue un momento que me provocó algo de nervios. No sabemos cómo nos van a recibir, ya que puede ser que el papá sea un absoluto celoso de su "muñeca" o la mamá añore al anterior novio, que era un "súper partido". O en el caso de las mujeres, pues básicamente tendrán que lidiar con la temible suegra (¡suena música de miedo!), ¡ese ser que protegerá hasta con los dientes a su "polluelo" de las garras de esa mujer que se lo quiere quitar!

O si tienes mucha suerte, ¡les caerás perfecto! ("*lucky me!*"[9]).

Ya sea un encuentro de forma casual o más planeado, es bien sabido que la primera impresión jamás se olvida, y solo hay una oportunidad para que sea buena. Por lo tanto, ese momento es donde tratamos de mostrar nuestras mejores credenciales: buenos modales, caballerosidad (si solo eres caballeroso en esos momentos, te aconsejo que lo vuelvas un hábito) o por el otro lado: ternura, simpatía, diligencia (si no es uno de tus hábitos, te aconsejo que lo hagas uno de ellos), cosas que no necesariamente a diario hacemos.

Después de este momento, ya vendrán los comentarios a favor o en contra de nuestra pareja. El mismo trato que se pueda ir dando con el paso del tiempo reafirmará

9 ¡Qué suerte tengo!

lo bueno o lo malo. Sin embargo, cuando uno está dentro de la relación y con el tope de emociones y sustancias químicas en tu cerebro, no te van a importar esas opiniones de las personas con las cuales creciste durante tantos años.

Pero, ¿qué pasa cuando llegamos a formar un nuevo hogar, una nueva casa, una nueva familia y nuevas reglas?

¡Vaya! no nos vamos a poner religiosos en estas líneas, pero hasta la Biblia, en el libro del Génesis, lo dice:

"Por esto el hombre dejará su padre y a su madre, y se unirá a su mujer, y los dos serán una sola carne".

Y debe quedar claro que, al hablar de padre y madre, van incluidos hermanos, tíos, primos, y todo lo que pudiese afectar de forma negativa en la relación que tú y tu pareja han formado.

Necesitamos entender de una vez por todas que, en una relación formal, llámese matrimonio o unión libre, una de las cosas que debemos hacer es "cortarnos el cordón umbilical" y convertirnos en directores/directrices de nuestro hogar... ¡los nuevos capitanes!

Eso no quiere decir que no podamos pedir consejos o ayuda, pero jamás permitamos que los familiares de uno u otro sean quienes dirijan nuestra relación o mucho menos, que apliquen esta "profesión" que todos en algún momento ejercemos: la "opinología".

¿Les ha pasado que todo el mundo quiere opinar de lo que está bien o está mal en su relación?, como si alguien tuviera la varita mágica para solucionar los problemas que particularmente se presentan en cada relación, aunque todos y cada uno de ellos sean distintos o peor aún, muchos "opinólogos" no puedan solucionar sus vidas e intentan arreglar las ajenas.

¿VASO MEDIO LLENO O MEDIO VACÍO?

Ricardo y Cristina, después de casarse y al llegar a su hermosa casa, deciden cocinar para festejar y convertir su primera cena en un momento inolvidable, donde todo es perfecto... ¡hasta que llega la inevitable hora de lavar los trastes!

Resulta que, en casa de Cristina, su papá colaboraba con su mamá en las tareas domésticas (¡aplausos para ese papá!, "*well done, dad!*[10]) perooo... en casa de Ricardo siempre hubo una empleada doméstica que facilitaba todo ese tipo de tareas del hogar. Así que las vivencias de ambos, por muy absurdo que parezca, son totalmente distintas y es muy probable que nuestra mujercita en cuestión espere que su hombrecito le ayude a lavar los trastes, y a él probablemente no le cruce por la cabeza que debe de ayudarla (¡créanme chicas, a veces los hombres no carburamos!). ¡Ni idea tiene!, no por macho, no por grosero, simplemente porque su perspectiva familiar previa no era la misma que la de su pareja.

Pueden venir otro tipo de discusiones en esa misma línea, dónde se echa la ropa sucia, las toallas, si bajamos o no bajamos la tapa del inodoro, etc. La realidad es que cada caso es distinto. No obstante, el punto es el "*background*"[11] que cada uno tiene.

Vino un día la plática con la familia de Cristina, cuando le preguntaron si Ricardo la ayudaba a lavar los tras-

10 ¡Bien hecho, papá!
11 Antecedente.

tes y ella les respondió que no. Por lo que dijo ella, estos fueron los comentarios generales:

Opinólogos de ella: "¡Cómo que no te ayuda? ¡Holgazán! ¡No se le vayan a caer los anillos, etc.!".

Luego vino el reclamo por parte de Cristina respecto a esta situación y en algún momento él también lo comentó con su familia, y ¿cuáles crees que fueron los comentarios?

Opinólogos de él: "Contraten a alguien... fácil. Que no exagere, etc.".

No podemos juzgar quién tiene la razón, puesto que ambas opiniones se encuentran basadas en creencias, experiencias y patrones de las familias de cada uno de ellos, ¡o de cada uno de ustedes dos! Pero debemos recordar que aquí están conformando un nuevo núcleo, con reglas propias.

Afortunadamente, por esa gran relación que a la fecha tienen, sus "costumbres" del pasado las olvidaron y lograron acoplarse perfectamente. ¡Saludos Ricardo y Cristina!

El quid de la cuestión es que pueden escuchar definiciones, opiniones o conceptos de parejas perfectas, pero nada resultará mejor entre ustedes que lo que planteen como una nueva célula, como una nueva familia y que siempre sea un ganar-ganar.

Por cierto, el ejemplo de líneas anteriores es mínimo. ¿Te imaginas una discusión más acalorada de pareja? ¿Te ha tocado vivir alguna?

Como lo mencioné previamente (y me baso en la historia que te conté), a las primeras personas que recurrimos en caso de un problema siempre será nuestra familia, ¡y es comprensible y lógico!

Les contamos nuestros problemas ya sean padres o hermanos, o tal vez existe una relación muy estrecha hasta con los primos, e intentamos buscar un punto de vista distinto, aunque la realidad es que muchas veces estamos buscando aprobación y reafirmar que nosotros estamos en lo correcto y no nuestra pareja (el ego otra vez de metiche).

Regla esencial de limpieza en una pareja: "La ropa sucia se lava en casa"

Uno de los mayores problemas que a lo largo de mis años por los tribunales escuché, fue que la familia de su pareja "se metía" en su relación, que opinaban, criticaban y los juzgaban.

Y yo siempre me he preguntado: "¿leen mentes, son espías profesionales de FBI, KGB y ponen micrófonos en sus casas para saber cómo andan las cosas?, no ¿verdad?"

Quien abre la boca, va y cuenta cómo va todo por casita somos nada más ni nada menos que ¡nosotros!

Obviamente, vamos a contar nuestra versión de la historia: "Es que me dijo", "es que me hace", "es que no me ayuda", "es que no me da" y podríamos llenar hojas con los "es que" y "¿sabes por qué?"

Porque jugar el papel de víctima es más cómodo que afrontar nuestros actos, expandir y abrir nuestra mente.

Antes de salir corriendo a contar tus problemas y meter a tu familia, te sugiero el método **T.R.E.T.A:**

Te calmes.

Respires profundo.

Evalúes la gravedad de tu problema.

Te hagas responsable de la parte de la discusión que te toca.

Aceptes las consecuencias de tus actos.

Si dejas pasar un poquito este momento de enojo, empezarás a ver las cosas desde otra perspectiva. Si a esto le agregas unas cuantas inhalaciones profundas (confía en el poder de la respiración) empezarás a razonar mejor y te darás cuenta de cuán grave puede o no puede ser eso que te quema la lengua por ir a contar. Asimismo, podrás analizar que, para que exista una pelea siempre se necesitan dos, tomarás la parte de culpa que te corresponde y sabrás que en caso de que vayas a querer meter a la familia, puede haber consecuencias que probablemente afecten todo el entorno, ¡y que pudieron ser evitadas!

Si después de esto, aún les quedan ganas de contar cosas a sus respectivas familias y meterlos al ring de la pelea, ¡adelante!, ¡por eso tienen libre albedrío!

Pero vayan con la finalidad de pedir la opinión más objetiva posible y tratar de ser lo más selectivos en cuanto a quién le piden ayuda. ¿Crees que una persona pueda darte el mismo consejo si está en una situación de tranquilidad y felicidad, que una que esté con una actitud negativa?

Ok, ya fuiste de "comunicativo"

Uno de los dos o ambos, ya fueron a contar santo y seña de sus problemas de pareja a sus respectivas familias, a dar su "objetiva" versión de los hechos, ¿qué reacción crees que podrían tener con tu pareja?

Tal vez preferirán no meterse, tal vez serán indiferentes o tal vez tú mism@ provocarás que no l@ quieran ver ni en pintura, pero sabes que es casi un "*fact*"[12] que tú con la cabeza fría perdones a tu pareja, sigan como si nada hubiera pasado (hasta la siguiente discusión donde volverán a darse hasta con la cubeta y a convertirse en lo peor que les pudo haber sucedido el uno al otro, si es que no la solucionaron de raíz) y las consecuencias de tu desmadrito ya están hechas.

Diálogo, diálogo y más diálogo

Te pido que en estos momentos visualices a una mascota, la que sea de tu predilección, aunque para efectos de estar en la misma sintonía escojas a un perro...

Cuando llegas y te ve se emociona, le vas a dar de comer o le haces un cariño y se emociona. ¿Tú crees que si ese pequeño animalito pudiera expresarte con palabras su sentir lo haría? ¡Por supuesto!, pero él solo lo puede hacer a través de darte lengüetazos, porque actúa por instinto.

Y tú que tienes una lengua y cuerdas vocales para articular palabras, y un cerebro para argumentar y razonar, ¿por qué no los usas correctamente?

¡Carajo! ¡Habla con tu pareja las veces que sean necesarias, arreglen sus problemas EN PAREJA! ¡Ahí

12 Hecho.

está la semilla del amor que sembraron algún día quizá lejano! (Tip: dejen el ego a un lado)

Y si van a meter a las familias en sus rollos, que sea para invitarlos a comer, para armar una pachangota o ¡para darles noticias chingonas!, no para que estén de espectadores de sus problemas.

Introspección

- ¿Influyen o influyeron los consejos de mi familia al momento de arreglar problemas con mi pareja?
- Al día de hoy, ¿qué tanto permito que mi familia opine sobre mis relaciones amorosas?
- En caso que mi familia se meta en mi relación, ¿estoy dispuest@ a establecerles límites, a pesar de las consecuencias que esto genere?

Cambio de Paradigma

Con el puño derecho cerrado y la mano izquierda en el pecho, repite en voz alta tu nuevo paradigma. Inhala profundamente y luego exhala, mientras abres el puño y dejas ir lo que se tenga que ir:

"Hoy me divorcio de todos aquellos patrones familiares que repercuten en mi relación y decido resolver mis dificultades en pareja, con inteligencia, razón y amor".

TRACK 3

DINERO

Hoy en día, a lo largo y ancho del mundo se realizan encuestas y "la lana" es una constante causa y uno de los principales motivos de los problemas de pareja y divorcio.

¿Y qué tendría que ver el dinero, si se supone que uno se casa por amor? Incluso, si nos ponemos filosóficos y alegamos que "donde come uno, comen dos" y que "amor de angelitos, encueraditos y sin comer, pero bien felices" y cuanta cosa tierna se nos ocurra decir…

Con el pequeño detalle de que cuando es hora de pagar la renta, el cable, el teléfono, la luz, la comida, la mensualidad del coche, los meses sin intereses de la tarjeta, los gastos hormiga… (¿y qué decir si ya hay hijos y es preciso pagar pañales, ropa, comida, escuela, médico, etc.), tus acreedores no te aceptan "dosis de amor" como medio de pago.

Y podríamos pensar que el tema del dinero puede ser un problema únicamente en un determinado sector de la población, pero casualmente no es así. Es un tema que hasta en las personas con mayor poder adquisitivo se presenta pues a mayores ingresos, mayor el gasto. Y el común denominador es la casi total falta de inteligencia financiera.

Y este tema en pareja regularmente nos toma por sorpresa, a veces porque consideramos inapropiado hablar del dinero o en otras ocasiones, porque en el noviazgo no hay mayores responsabilidades y tenemos libertad de gastar en lo que se nos ocurra: antro, cosas que no necesitamos, cafecitos o los famosos "lujitos".

En ese punto de la relación, cada persona administra su dinero de la forma que lo considere y nos enfocamos más en "conocer" a nuestra pareja en otros sentidos, como si tiene buena educación, buena salud, "aspiraciones" en la vida, y algunas otras se fijan en el dinero, enfocado a los "lujos" que puedan obtener, pero no en crear patrimonio.

¡Ojo! Tener dinero no siempre es un sinónimo de educación financiera.

Supongamos que nosotros creemos que la persona con la que estamos es monetariamente solvente. Es probable que él, siendo el caballero, invite a su chica a todos lados, pague las cuentas, la lleve a los mejores lugares e incluso traiga el carro último modelo; o en el caso de ella, se dedique a comprar ropa y zapatos a diestra y siniestra, y compre cuanta cosa absurda se le pare en frente.

Hasta este punto podríamos presumir que ambas personas son solventes, pero ¿qué pasaría si te dijera que el motivo de esta solvencia resulta ser una herencia o un fideicomiso, o que lo deben todo a las tarjetas de crédito? ¿Qué va a pasar cuando todas esas buenas cosas se terminen? ¡Van a quedar ciento por ciento quebrados!

Probablemente, ese dinero bien invertido hubiera generado más capital. Sin embargo, al no haber inteligencia financiera, únicamente sirvió para enriquecer los bolsillos de alguien más.

Ahora imagínate cuando ya no solamente tienes que lidiar con tu forma de manejar el dinero, sino que ahora ya estás en un hogar y ambos tienen que administrar los gastos y compartir responsabilidades financieras.

Osvaldo y Paulina

El "*background*"[13] resumido...

Osvaldo es abogado, el mayor de tres hermanos y con unos padres de origen humilde (comerciantes en un tianguis que tuvieron que emigrar de su natal Encarnación de Díaz (Aguascalientes) a la Ciudad de México en busca de un mejor futuro que (así como las novelas, pero esto en la vida real y cruda) pudieron sacar adelante a sus hijos a base de mucho esfuerzo, pero también de estricto ahorro.

Los padres de Osvaldo lo único que les pedían a sus hijos era que terminaran su carrera y que se enfocaran en su profesión, que aprovecharan esa oportunidad que ellos no habían tenido.

En el caso de Osvaldo, hizo caso al consejo de sus padres: se dedicó a estudiar, terminó su carrera y obtuvo un trabajo en un reconocido despacho de la Ciudad de México.

Por su parte, Paulina creció en una familia donde no hubo carencias. Les daban todo a ella y a su hermana: viajes, lujos, las mejores escuelas. Su madre no trabajaba y se dedicaba exclusivamente al hogar.

Paulina se graduó como licenciada en turismo, y con algunos conocimientos que había adquirido en uno de los negocios de su papá, fundó una empresa de logística de viajes, generando buenos dividendos. Aunque, así como le llegaba el dinero, se lo gastaba en todos sus "gustitos".

Un día, Cupido hizo de las suyas: Osvaldo y Paulina se conocieron e hicieron "clic" desde el primer momen-

13 Antecedente.

to. Comenzaron a salir, se hicieron novios y después de unos años decidieron casarse.

El papá de Paulina corrió con los gastos de la fiesta como regalo de bodas, mientras que Osvaldo dio el enganche de la casa donde él y su amada esposa comenzaron a vivir, con el dinero que tenía ahorrado.

El primer round monetario no tardó en llegar: Paulina se quedó sin dinero y le pidió a Osvaldo, quien en ese momento tuvo que tomar del fondo que él tenía para emergencias (y, claramente esta no era una de ellas), ya que Paulina había encontrado un ofertón en la compra de una bolsa de mano y adivinen qué hizo: ¡la compró!

Él pretendió hacer recapacitar a Paulina, pero ella, acostumbrada a no tener limitantes, se sintió agredida.

Segundo round: Una de las amigas de Paulina, con quien regularmente hacia "*partnership*"[14], le da la excelente noticia de que tenía un contrato firmado para un paquete de viajes con una empresa trasnacional, que serviría como incentivo para sus trabajadores. No obstante, para tener todavía mejor margen de ganancia, necesitaban pagar a la brevedad con las operadoras dichos paquetes. Solo que había un pequeño detalle: su contratante no les había dado dinero por adelantado, lo que limitaba un poco el flujo de efectivo que podían tener.

La socia consiguió la mitad del dinero y era tarea de Paulina recabar la otra mitad, por lo que inmediatamente recurrió a Osvaldo, quien sin garantías de que ese dinero pudiera volver a él, se lo negó (¡ouch!, ¡eso dolió!). Ya se imaginarán qué sucedió.

Paulina, fúrica, se fue al primer banco que encontró, solicitó un crédito, se lo otorgaron, hizo el negocio, ge-

14 Sociedad.

neró dividendos, pero nuevamente esos dividendos se los gastó.

Leamos sus patrones financieros:

- Osvaldo, conservador, trabaja para ahorrar y pagar cuentas. No está dentro de sus planes invertir.
- Paulina, arriesgada, sabe generar recursos. Sin embargo, no sabe reinvertir ni ahorrar y por ello, prefiere gastar.

Obviamente, su relación con el dinero es diametralmente opuesta y ambos, en gran parte si no es que completamente, están actuando conforme a una "herencia de patrones", la cual no consiste en otra cosa sino en imitar de forma inconsciente lo que vieron en casa en algún momento.

Pero imagínense que Osvaldo y Paulina en lugar de pelear, tomaran el "toro por los cuernos" y decidieran platicar de forma civilizada sus creencias, miedos y expectativas en cuanto a dinero se trata; que comenzaran por reconocer sus patrones, argumentaran y, para finalizar, se comprometieran a crear un patrón en común en casa.

¿Qué creen que pasó?... ¡pues sí que sucedió esa plática!

Último round: por el gran amor que se tienen, Osvaldo y Paulina se desnudaron financieramente, abrieron su mente, platicaron largo y tendido, y ambos se asignaron un rol en materia de finanzas en casa. Paulina, por su carácter y visión, se convirtió en la encargada de buscar oportunidades para generar más ingresos. Cada vez que tuvieran un proyecto, lo discutirían como equipo y Osvaldo sería el encargado de la administración de las finanzas, siempre tomando en cuenta la opinión del otro.

Al día de hoy, Osvaldo y Paulina incrementaron su capital, invirtiendo en dos bienes raíces que les están generando ingresos para vivir de una forma más cómoda, gracias a diversos negocios y proyectos que Paulina planteó, todo esto con disciplina y la creación de ese camino en común.

La otra cara de la moneda

Por otra parte, Dalia y Milton llevan más de 10 años de casados. Ambos tienen trabajos estables, pero a pesar de ello su mayor problema es el dinero, ya que se encuentran en este pozo sin fondo donde:

1.- Llega la famosa quincena.

2.- Pagan a sus acreedores, llámense compras, pagos en la oficina, a los familiares, por catálogo y saldos mínimos de tarjeta de crédito.

3.- Vuelven a gastar y, evidentemente, vuelven a endeudarse un poco más.

4.- Sigue sin alcanzarles y deciden obtener un préstamo (con intereses, obviamente) para pagar esas deudas pasadas.

5.- Resulta que no fue suficiente, porque ya arrastran un déficit financiero de meses, pero sus hábitos de consumo no cambian.

6.- Se repite el ciclo infinidad de veces.

Eso sí, cuando se acaba el dinero, Dalia le recrimina a Milton que no gane más dinero. Entonces él le recrimina a ella que por qué si también trabaja no le ayuda de manera equitativa con los gastos de la casa. Dalia argumenta que trabaja para darse sus lujos, no para mantener la casa, porque eso le corresponde a él.

Entonces Miltón, en su afán de llevar la fiesta en paz, comienza a buscar nuevas formas de generar ingresos en sus ratos libres, cosa que a Dalia le molesta, porque ya no tienen tiempo de estar juntos y de ir a pasear y comprar "cositas".

¿Se dan cuenta de cuán dispareja es la circunstancia financiera, así como la tesitura de pareja?

Hagamos un pequeño análisis de la situación. Él viene de una familia donde su papá luchó hasta el cansancio por satisfacer las necesidades familiares, y ella procede de un hogar donde la mujer se dedicaba exclusivamente a los quehaceres domésticos. Se entiende ahora que él se sienta con una responsabilidad tremenda para proveer lo necesario; mientras que ella, al provenir de un patrón familiar donde la mujer no trabajaba, en cierta forma lo imita no aportando recursos ni ayudando a su pareja a sanear las finanzas. Por el contrario, se hunden más y más.

"Cuando la pobreza entra por la puerta, el amor sale por la ventana".

Estoy plenamente convencido de que cuando los temas monetarios van encaminados en distintas direcciones es probable que, en algún punto, la misma vida llevará a que tomen caminos separados.

Aquí es justamente donde considero que entra el trabajo en equipo: jalar hacia el mismo lado y generar, crear... Imagínate que tu pareja, más allá de ser también tu amante y tu confidente, se convierta en un@ de tus mejores soci@s.

Haz la prueba con tu círculo de amigos, y observa cómo las parejas que funcionan en equipo y poseen un plan financiero definido, tienen menos problemas que las que viven al día.

Así que, si estás en situación de conocer personas, agrégale a tu lista de cosas en las que te fijas la inteligencia financiera y verás qué sucede.

Si aún estas a tiempo de remediar el tema monetario con tu pareja, elijan un lugar neutral, pero ¡definitivamente, el hogar donde viven no! Hablen con la verdad, elaboren un plan, obtengan la información necesaria, asesórense con expertos en el tema y tengan por seguro que se desvanecerán esos problemas. Se requiere de paciencia para cambiar nuestras conductas y de voluntad para romper nuestras creencias, pero con persistencia, seguro se puede.

La Infidelidad Financiera

Si ya es complicado lidiar con los patrones financieros que cada uno tiene, supón que, lejos de arreglarlos y llegar a un acuerdo en común, por el contrario, adoptas una conducta absurda y prefieres evitar el tema, comenzando a ocultarle a tu pareja cualquier tipo de información relacionada con el dinero: tus ingresos, tus gastos, créditos, ahorros, etc.

Justo eso es la infidelidad financiera, y realmente creo que tiene que ver con el intento de evitar discusiones o de que nos juzgue nuestra pareja por la manera como usamos el dinero, y así preferimos no decirle nada. Creo que esto lleva a un grave problema, porque es tomar una actitud cómoda de la vida, consistente en no querer afrontar la realidad de lo que está sucediendo. Es preciso que analices de qué estás huyendo para no ser honesto en este tema.

¿Has hecho "compritas" y has modificado el precio que te costó para que tu pareja no se enoje por ese gasto? ¿Has utilizado algún fondo de emergencias para gastos superfluos, con la esperanza de reponerlo en la quincena y tu pareja no se entere? ¿Sabe tu pareja exactamente cuánto ganas? ¿Le has ocultado por ahí algún "bono"? ¿Le escondes tus estados de cuenta?

¡Date cuenta de que le estas poniendo los cuernos monetariamente! Y eso "*It's not cool!*"[15].

Introspección

- Si el dinero fuera una persona, ¿cómo la describirías?, ¿qué representaría en tu vida?
- ¿Hice o hago un seguimiento detallado de mis finanzas (entradas, salidas, gastos fijos)?
- ¿Cómo me sentía o me siento al hablar de temas financieros con mi pareja?
- ¿Conocí o conozco financieramente a mi pareja?
- ¿Yo soy ahorrador@, gastalón@ o inversionista?
- ¿Mi pareja es ahorrador@, gastalon@ o inversionista?

Cambio de Paradigma

Con el puño derecho cerrado y la mano izquierda en el pecho repite en voz alta el cambio de paradigma. Inhala profundamente y exhala, mientras vas abriendo el puño y dejas todas esas creencias que te han limitado:

15 No está bien.

"Hoy me divorcio de mis patrones financieros del pasado para poder crear uno en común con mi pareja. Nos convertimos en los mejores socios y hacemos crecer nuestra economía".

TRACK 4
CELOS

A veces creemos que los celos son bonitos y hasta nos gusta que nos celen porque sentimos que le importamos a nuestra pareja (¡oigan al ego!), pero... que no nos celen demasiado, porque entonces creemos que vivimos con una persona psicótica, ¿acaso no es así?

Casi todos hemos estado en los dos extremos, en distintas épocas de nuestras vidas, celando y celados. Así que sabemos cómo se siente.

Pero, ¿qué son los celos? No son más que una conducta que cualquiera de nosotros podemos adoptar al sentirnos amenazados de que la persona a la que queremos pueda tener sentimientos o preferencias por alguna otra persona.

¿Qué consecuencias llegan a tener? Nuestro entendimiento se nubla y la mente nos comienza a jugar rudo. Empezamos a tener pensamientos ciento por ciento tóxicos. Fantaseamos mil suposiciones con respecto a nuestro ser amado acerca de cosas que, en la mayoría de las ocasiones, ni siquiera tienen fundamento.

¿Te ha pasado que llegas a tener un sueño que parece tan real que despiertas, sea de buenas, sea de malas, según el caso?

Pues para una persona celosa, es exactamente igual de real un sueño donde su ser amado l@ está abandonando o "poniéndole los cuernos" y llega hasta despertarse tan de malas y recriminándole lo que hacía en el sueño, pensando que en la realidad es igual. Pero, ¿a qué le tenemos celos?

Celos de l@s Amig@s de tu Pareja

Entiendo que veas a tu pareja como un adonis o una diva ¡y eso es perfecto!, o como aquella persona por la cual uno estaría dispuesto a morir junto a ella.

Pero recuerda algo: no todos tenemos los mismos gustos en este planeta, y eso está bonito y está bien porque hace que el mundo tenga diversidad. Sin embargo, tú crees que cualquiera de sus amig@s o conocid@s en algún momento va a jugarte una mala pasada. Y es obvio que con tus celos lo único que quieres es "protegerla" ya que, desde tu perspectiva, con nadie va a estar mejor que contigo.

Es mi deber hablarte con la verdad…

Sí puede pasar, sí existe esa posibilidad, y aumenta drásticamente si tu pareja es guap@, buena onda, inteligente, de agradable conversación, sociable, emprendedor(a), buen(a) amig@, espiritual, etc.

Pero, por otro lado, ¡también hay buenas noticias! Si tu pareja está contigo es porque ¡QUIERE ESTAR CONTIGO!

Sé muy consciente de ello, por favor, antes de armar una pelea.

Si esa persona bien puede estar con alguien más, dotada como está de todas esas cualidades recién mencionadas, ¿por qué te eligió a ti?, ¿no es obvia la respuesta?

Por otra parte, también se da el caso de que los celos causen contrariedades con los amigos o amigas del mismo sexo de tu pareja, porque esas amistades tienen fama de buscar ligues o de ser fiesteros, y si salen con nuestra pareja imaginemos que seguramente, van en busca de aventuras o de lo que la suerte les ofrezca.

Recordemos algo: sean como sean l@s amig@s de tu pareja, esas personas quizá tengan relación con tu pareja desde hace mucho tiempo y no solo conocen a tu pareja mejor que tú, sino que han podido compartir con ella malos ratos o desgracias, disgustos, alegrías, triunfos, derrotas; han hecho o recibidos importantes favores, han sacado a tu pareja de apuros económicos… toda una vida… hasta lamentables e irremediables pérdidas (¡hasta el cielo, un abrazo desde acá a mis amigos que se han adelantado!).

Básicamente, todos esos amigos son como una familia que tu pareja ha elegido o le ha llegado por obra del destino y, como sea, es un lazo que debemos respetar e incluso seguir fomentando.

¿Cómo puede ser que en plena actualidad haya amistades de toda la vida que se vengan abajo a causa de celos que la mayoría de las veces son infundados?

Se nos olvida que nuestra pareja, antes de serlo, creció, hizo una vida, conoció gente, empezó a tener algunos gustos, aficiones, diversiones… ¿Qué te hace pensar que porque llegaste tú debe abstenerse de esas amistades? ¿Por esa falsa definición de amor en el sentido de que el amor es sacrificio? ¡El amor es alegría! ¡Tenlo bien presente!

Celos de la familia

Esto suele suceder por el sentimiento de vernos desplazados por algún familiar: los padres, hermanos, primos y ¡ojo! NO estamos hablando de esta relación "comunicativa" con la familia de la que platicábamos en capítulos pasados, sino de una relación sana, donde los padres le hablan de vez en cuando a su hij@ para saber cómo está y su pareja cuestiona el motivo de la llamada, desea saber los pormenores de la misma, se molesta si no se le dice o por ejemplo, se encela porque la pareja le hace un favor a un familiar. Todo porque "Don o Doña Celos" siente una incomodidad injustificada que está basada en la nada.

Si en algún momento te molestó alguna actitud que tuvo tu pareja con tus familiares, háblalo con tranquilidad. Acuérdate de utilizar el método TRETA en todos los casos.

Celos Profesionales

Comienzas a darte cuenta de que a tu pareja le está yendo perfecto en su ámbito laboral y profesional. Sin embargo, tu sentimiento lejos de ser bueno y de orgullo, es de enojo.

¿Qué es lo que realmente le podría molestar a nuestro ser amado cuando se trata de un éxito nuestro? Tal vez, tendríamos que referirnos a la envidia más que a los celos. No obstante, lo que los diferencia es que en el caso de los celos no se quiere ni se aspira a alcanzar el objetivo de la pareja, sino que lo que te preocupa es que tu pareja "cambie" y pueda existir la posibilidad de que te deje, a causa de esos logros profesionales.

Por lo anterior, lo recomendable es hablar con tranquilidad y expresar lo que molesta de la situación. Recuerda que tu pareja está a tu lado porque te ama y no porque sienta que es una obligación y que sus éxitos a la vez son tuyos, pues se trata de un bien común, pero si sigues actuando de esa manera, no pasará mucho tiempo para que se convierta en un delicado problema.

Jugar a Sherlock Holmes

Los celos pueden llegar a tal grado que se convierten en detectives y espías con tal de descubrir alguna circunstancia que les compruebe que ellos estaban en lo cierto con los celos.

Con facilidad se pasa a la **celotipia,** o sea a los celos patológicos, cuya curación o superación exige recurrir a un psicólogo o psiquiatra.

Miranda

Miranda, mujer a quien tuve oportunidad de conocer hace unos años, vivía la existencia amargamente por sus celos. Lamentablemente, me tocó la peor época de su vida, y aunque intentaba ayudarla a estar mejor, ella saboteaba cada una de sus relaciones, a causa de sus celos.

Aquí fue donde descubrí la capacidad que tiene el ser humano para amargarse la existencia: trampas a su pareja para ver si "caía". Como por ejemplo, ponerle un arete de ella en el carro de él y luego "casualmente" encontrarlo para recriminarle de quién era y por qué estaba allí; llamadas intentando sacarle información; revisar con lupa sus redes sociales al grado de pedirle explicación de cada "*like*"[16], "*comment*"[17] y "*follow*"[18] que tenía, lo que orilló a más de una de sus parejas a cerrar sus cuentas para evitarse ese tipo de problemas, aunque cerrarlas también era motivo de reclamo porque "seguro por algo las cerraba"; mensajes terroristas cuando no podía contestarle el teléfono; llegar de sorpresa a la casa de la pareja para ver qué estaba haciendo y así sucesivamente.

16 Botón que indica aprobación a una publicación en la red social Facebook.

17 Opinión que se realiza en una publicación de redes sociales.

18 Seguir a alguna persona o cuenta en redes sociales.

Cuando me tocaba ver todo este arsenal de acoso, me preguntaba por qué una mujer joven, físicamente atractiva, sociable y exitosa podía ser tan celosa.

Y es exactamente igual desde el lado masculino, con el ingrediente extra de que, en ese arranque de celos, los hombres agregamos el "partirle su madre" a la persona de la que nos estamos poniendo celosos, y llegamos incluso a culpar a la pareja de esta situación. ¡Triste, pero cierto!

Después de algunos años y ayuda profesional, hoy mi buena amiga Miranda mantiene una relación estable y ¡es feliz!

¿De qué están hechos los celos?

Considero que los celos se ajustan a la siguiente formula:

Inseguridad + Control = Celos

Cuando llegamos a este mundo, en las circunstancias en las que nos haya tocado nacer, por unos segundos fuimos divinamente perfectos. ¿Por qué lo digo?, porque en ese momento nacimos sin apegos de ningún tipo. No obstante, conforme pasaron los segundos en este planeta, empezamos a necesitar a personas: por principio de cuentas a un doctor, luego a nuestra madre para que nos alimentara y nos cuidara, y así sucesivamente. Comenzamos a crecer y empezamos a interactuar con más personas, a generar lazos afectivos y, en este trayecto es probable que haya habido algunas que nos lastimaran lo suficiente para dejarnos "marcados" en nuestras relaciones interpersonales. A consecuencia de ello, ahora preferimos tomar el control de una forma excesiva, lo que finalmente deriva en querer manejar la vida de nuestra pareja sin advertir que, lejos de favorecer la relación, simplemente la estamos fracturando, a la par que a nuestro ser amado l@ estamos alejando más y más.

Ahora bien, regularmente el celoso o la celosa niegan sistemáticamente serlo; quizá las siguientes preguntas te ayuden a clarificar tu panorama.

Introspección

- ¿Tienen fundamento mis celos?
- ¿He sido presa de mis emociones?
- ¿Reconozco las actitudes de celos que estoy teniendo?
- ¿Sé cuánto valgo?
- ¿Por qué estoy permitiendo que me celen de esta forma?

Al final de este ejercicio espero que te hayas centrado en el aquí y el ahora y te hayas dado cuenta de que la mayoría de las veces magnificamos las cosas a causa de nuestros propios pensamientos.

Si no puedes con ello y los escenarios de celos te rebasan de cualquier manera, es totalmente válido pedirle ayuda a un experto, ya que es muy probable que se trate de la celotipia o celos patológicos que nombré al inicio de esta sección.

Todos los seres humanos podemos partirnos y levantarnos nuevamente, solo es cuestión de voluntad y de querer mejorar nuestra vida un poquito a la vez, momento a momento. ¿Por qué hacerlo?, para "viajar ligero" primordialmente por ti y también por tu pareja, si es que tienes la voluntad de mejorar tu relación y, en caso de estar por tu propia cuenta, hazlo por esa relación que en un futuro esperas.

Cambio de paradigma

Con el puño derecho cerrado y la mano izquierda en el pecho, repite en voz alta tu nuevo paradigma, mientras vas abriendo el puño y dejas ir lo que esté estorbando para tu crecimiento:

"Hoy me divorcio de mi necesidad de poseer a mi pareja. Sé que en su libertad es cuando mejores cosas aportará a mi vida".

TRACK 5:

HIJOS

Esas pequeñas criaturas que llegan a la vida de uno a hacernos inmensamente felices; más allá del legado económico y profesional, lo que haces hoy o hiciste con tus hijos, sobre todo si son pequeños, repercute en su futuro de una manera dramática.

En el matrimonio los hijos juegan un papel de suma importancia; incluso habrá opiniones que consideren que su rol es crucial en este vínculo. Digamos que son la conexión entre formar una pareja y formar una familia.

¿Qué sucede al momento de los problemas de pareja?

Seguro has escuchado a alguien que dice que ya no soporta su situación en pareja, que única y exclusivamente está ahí "por los hijos" y créeme, no te están mintiendo. Partiendo de sus más grandes miedos (quedarse solos, al escrutinio de la sociedad, a jugar el papel de víctima, y a volver a empezar), están plenamente convencidos de que están y siguen ahí por no fastidiarles la vida, puesto que es lo más conveniente para ellos.

¿Acaso no les hacemos más daño a los hijos en una relación donde somos indiferentes con nuestra pareja; donde no existe calidez; donde no existe interés; donde las metas comunes dejaron de serlo y cada quien ve por su beneficio; donde hay reclamos y donde ya no hay admiración?

Recordemos que los hijos no hacen lo que les dices; imitan lo que haces (consciente o inconscientemente). ¿Cómo vas a poder hacer feliz a tus hijos si tú no estás feliz contigo mismo y, mucho menos, con la persona con quien estás? Y que quede claro que no es que al primer problema uno deba salir huyendo, pero si ya acudiste con un psicólogo, un consejero espiritual o conjuros de amor, ya se sometieron a terapia de pareja o individual, a "*coaching*", e hicieron todo lo que estaba en sus manos y ya nada funciona y siguen "ahí por los hijos", ¿realmente suponen que ellos les van a solucionar sus problemas de raíz o que serán muy felices acostumbrados a verles dos días bien y cinco días mal?

La respuesta es un absoluto ¡NO!

Querida pareja, mamá, papá: probablemente este no es tu caso, ¡pero cuántas parejas acostumbran pelear frente a los hijos! y peor aún, ya en el calor de la pelea o todavía después de la misma, ¡los involucran a que opinen y tomen partido!

Una frase que me gustaría que tuvieras bien presente:

¡Los hijos de ninguna forma deben ser municiones en contra de la pareja al momento de discutir y mucho menos deben ser el botín en un proceso de divorcio o separación!

¿Te has preguntado acerca del daño que les puede causar a los hijos poniéndolos entre la espada y la pared a que elijan entre el padre o la madre?

Hablemos de la Alienación Parental

¿Alguna vez has escuchado de este síndrome?

Acuñado por Garner a mediados de los ochenta, refiere lo siguiente:

"El rechazo a la interacción parentofilial en menores inmersos en un proceso de ruptura parental, cuyo origen

ha de identificarse en las conductas y actitudes del progenitor aceptado por el menor".

"*Whaaaat?*", tan sencillo como esto:

Cuando el padre/madre que custodia a los hijos les habla cosas negativas del padre/madre, que en realidad no son verdad, generan en los hijos actitudes de enojo, rencor, y un rechazo parcial o total en contra del mismo.

Aquí te van unos ejemplos de alienación parental:

- Tu papá/mamá nos abandonó.
- Tu papá/mamá no nos quiere.
- No te puedo comprar eso porque tu papá no me da dinero para comprarte lo necesario.
- Tu mamá prefirió irse porque no te soportaba.
- Tu papá/mamá prefirió formar otra familia.

La Organización Mundial de la Salud al día de hoy no cataloga a la "alienación parental" propiamente como un síndrome, aunque tal vez con una visita a los tribunales se podría cambiar la perspectiva.

Es impresionante lo que pasa por esos lugares y es increíble cómo todavía existen parejas que quieren obtener beneficios propios o destruir la vida de su ex pareja, a costa de los hijos.

Pero si crees que esa alienación parental únicamente se da solo por mamá/papá, lamento decirte que no es así…

La familia extensa (dígase abuelos, tíos, hermanos, primos) pueden también generar esa conducta de rechazo contra alguno de los padres, ya sea por comentarios que de forma directa les hagan a los hijos o, simplemente, por pláticas en las que estos parientes se expresen mal de los padres.

Papá, mamá, si has tenido algunas de estas conductas o conoces a "alguien" que sí lo ha hecho (me refiero al primo de un amigo, etc.), ¡cuidado!:

- Intentar suplir la figura del padre o madre con algún familiar o nueva pareja.
- Escuchar las conversaciones que tengan los hijos con el padre/madre, con la finalidad de utilizar la información a conveniencia.
- En caso de que la comunicación sea digital, revisar las redes sociales para ver qué platican con el papá/mamá.
- Buscar pretextos para evitar que los hijos vean a su padre/madre.
- Regañar a los hijos y amenazarles con las consecuencias que tendrán con el padre que no está.

Cabe decir que existe un sinnúmero de comportamientos que pueden identificarse en estos casos y cuyo objetivo es deteriorar por completo la relación entre el menor y el progenitor ausente.

¿Te has puesto a pensar que con esas actitudes les enseñas a tus hijos a manipular, a jugar a la víctima? ¿Qué clase de legado les quieres dejar a tus hijos? ¿Es concebible que en la época en la que vivimos todavía nosotros como papás actuemos de esa forma? Nos consideramos muy modernos para unas cosas, ¿por qué no serlo para otras y ser padres responsables y convencidos de que antes de cualquier otra cosa, es preciso velar por la integridad de sus hijos?

Reflexión Profunda

Tómate tu tiempo para contestar las siguientes preguntas:

¿Tienes algún comportamiento que pueda conducir a que tu(s) hij@(s) rechacen a su padre/madre?

En caso que los hayas tenido, ¿qué te ha motivado a hacerlo? Si nunca lo has tenido, ¿cómo estás colaborando para que el vínculo con el padre/madre que no está, se siga fortaleciendo?

Solo recuerda algo: a partir del momento en que la pareja con hijos se separa, esos hijos vivirán en una familia disfuncional. ¡Aunque suene crudo, así es! Y nuestro deber como padres es hacer todo lo que esté en nuestras manos para que ese trance y lo que venga después, sea lo menos doloroso posible y, en consecuencia, su desarrollo emocional no se vea más afectado de lo que puede estar por esa ruptura familiar.

Hay mil y una técnicas para desahogarte: respirar profundo, escribir tus sentimientos de enojo, frustración e ira en una hoja de papel y quemarlo después, etc. Haz lo que tengas que hacer, pero a tus hijos en estos procesos tan personales ¡NO LOS METAS! ¡Que sea una regla de oro!

Introspección

- ¿He utilizado a mis hijos para "ganar" discusiones?
- ¿Cómo visualizo a mis hijos en su edad adulta?
- Con base en lo que han visto en mi relación, ¿considero que serán unos niños emocionalmente aptos en su vida adulta?
- ¿He canalizado el coraje y rencor que tengo o tuve contra mi pareja a través de mis hijos?

Cambio de Paradigma

Con el puño derecho cerrado y la mano izquierda en el pecho, pensando en esa sonrisa que te causa pensar en tu(s) hij@(s), repite en voz alta tu nuevo paradigma. Inhala profundamente y luego exhala, mientras vas abriendo el puño y dejas ir todos esos sentimientos que hasta el día de hoy te han nublado el entendimiento:

> *"Hoy libero a mis hijos de cualquier presión que no les corresponda y les ofrezco la mejor versión de mí".*

TRACK 6

TRABAJO

Érase una vez un hombre que salía a trabajar, mientras la mujer se quedaba en casa realizando las labores del hogar y cuidando a los hijos…

A lo mejor aún te tocó verlo con tus padres, aunque si eres "*baby boomer*" o "*millennial*" eso pasó a la historia.

El ritmo de vida, la equidad de género, las aspiraciones personales y económicas, las oportunidades laborales etc., han dado como resultado que tanto el hombre como la mujer salgan a trabajar casi siempre para tener una "mejor calidad de vida" y, en el caso de las personas con una situación económica desahogada, hasta por "*hobby*"[19].

Incluso por ese afán, cuando ya hay hijos, se delegan el cuidado de los mismos a sus familiares o a la infinidad de escuelas que al día de hoy existen.

Y es una realidad que las jornadas laborales pueden llegar a ser extensas y en algunos casos están justificadas. Sin embargo, hay personas que se quedan a trabajar fuera del horario de labores y fines de semana, aunque ya hayan terminado sus tareas asignadas, en una especie de demostración de "responsabilidad absoluta y de llevar bien puesta la camiseta".

A lo anterior hay que agregar que la tecnología se ha apoderado de nosotros y somos localizables todo el tiempo para clientes, jefes, proveedores, etc.

---

19 Afición, pasatiempo.

"Chamba, Chamba y Más Chamba"

En ese alcanzar aspiraciones y las ganas que uno tiene de trascender, de repente se cruza esa delgada línea y se convierte uno en "*workaholic*"[20], que no es más que ser adicto al trabajo por causas que regularmente, van ligadas a la competitividad y a la ambición económica.

Y la ecuación va más o menos así: si las cosas se complican en el trabajo, debido a que no has logrado lo que consideras tu objetivo o, en dado caso, ya lo lograste, pero quieres más, entras en un círculo vicioso de tensión por el ritmo de vida que ya te has impuesto. Cuando regresas del trabajo a tu casa, lejos de despejarte sí llegas a tu hogar en el cuerpo, ¿pero tu cabeza por dónde anda?, ¡en el trabajo!

Puedes estar sentado a la mesa con tu pareja y tu familia y, mientras te están contando algo, tú sigues cavilando en cómo resolver tu problema laboral, y no escuchas a nadie más que a tu vocecita interior que persiste en hablar del trabajo. Tu pareja o tus hijos te preguntan cómo estás y tú te "descoses" hablando de todas las preocupaciones que tienes en el trabajo. No comes bien, no duermes bien y tu salud empieza a mermar.

Es probable que en este punto, tu pareja te cuide, entienda tu estrés y haga lo que esté en sus manos para que te desentiendas un rato de tus problemas, pero si tú no sales de ese círculo vicioso, con el paso del tiempo (ya que no quisiste esa ayuda) comenzarán los reclamos entre ambos y la justificación siempre vendrá, en el caso de los hombres, con el pretexto: "Me estoy desviviendo para llevar lo mejor a la casa y que todos tengamos mejor nivel de vida y tú no lo valoras" y, en el caso de ella, su

20 Adicto al trabajo.

justificación será: "Además de que aporto a la casa para los gastos, tú me estás importunando".

Y comienza la lucha "a dos de tres caídas, sin límite de tiempo".

Creo que lo malo no es esforzarte. Estoy convencido de que la responsabilidad es un valor que jamás va a pasar de moda y que va ligado en efecto, al éxito laboral que una persona pueda tener. Repito: ¡éxito laboral!

Recuerda que esta es solo un área de tu vida.

Cuando una persona es soltera, sin compromisos de ninguna índole y se encuentra enfocada en su trabajo, en construir un patrimonio y un futuro profesional y financiero sólido, no pasa nada. Sin embargo, cuando uno comienza una vida en común con su pareja y ya, en caso que tengas una familia, no hay mejor cosa que buscar el balance entre la vida personal y la laboral, donde puedas tener momentos para escuchar a tu pareja, para jugar con tus hijos, para buscar una actividad en común de distracción, para otorgarte y otorgar 60 minutos de cualquier otra cosa (menos de preocupaciones de ningún tipo, sobre todo de las laborales).

El buen amigo "J. J."

J. J. a la fecha, es un empleado excelente. Ha hecho todo lo que ha tenido que hacer en la institución donde labora. Cuando tuve esta plática con él, con nostalgia me decía que tenía una linda familia hasta que el trabajo lo comenzó a absorber estúpidamente, de tal suerte que pasaba 10 horas en la oficina, se llevaba trabajo a su casa y comenzó a descuidar por completo su salud y a su familia.

En efecto, vinieron los problemas porque dejó de asistir a compromisos sociales por estar trabajando. Se perdió muchos eventos de sus hijos. Su familia primero se preocupó mucho por él, hasta que después de casi tres años con ese ritmo de vida, su pareja le pidió el divorcio. Y aunque uno de sus hijos quería quedarse con él, J. J. decidió que no podía cuidarlo porque no iba a tener tiempo para eso y para el trabajo.

Al preguntarle qué pasaba por su cabeza en ese momento, se limitó a decirme que su ambición por llegar a un puesto determinado le nubló la vista referente a las cosas que iban más allá de su trabajo (nuevamente, el ego haciendo de las suyas).

Al día de hoy, si bien no pudo recuperar a su familia, tiene ya una mejor relación con sus hijos, su salud ha mejorado y cree que está listo para iniciar una nueva relación... tiempo al tiempo.

Tips Para Hacer Eficiente Tu Jornada Laboral

1.- Planea el siguiente día: Una vez que ya hayas tomado tu tiempo en pareja y en familia, antes de dormir pon tu alarma, organiza las cosas que puedan quitarte el tiempo la mañana del día siguiente.

2.- Sal con anticipación: No hay peor cosa que iniciar el día apresuradamente. Se va haciendo una espiral que te comienza a poner de malas y resulta difícil detenerla.

3.- Distingue entre urgente e importante:

Llega a tu oficina y distingue entre lo urgente y lo importante. Una vez que hayas tomado esta decisión, te aseguro que comenzarás a darte cuenta del tiempo que puedes ahorrarte al avanzar con mayor eficiencia.

Si eres empresario o emprendedor, puedes planear tu día mejor, de forma que puedas intercalar tus negocios y el tiempo que pases con tu familia.

4.- **Inhala y exhala profundamente diez veces cada hora:** Oxigenarás mejor y te ayudará a mejorar la concentración.

5.- **Siempre que se pueda, sal a tiempo de tu oficina:** Y créeme, si organizas tu día, podrás hacerlo.

6.- **Disfruta tu tiempo libre en actividades que te gusten:** En estos momentos de relajación, a veces llegan las mejores ideas.

7.- **Recuerda:** En un trabajo siempre serás reemplazable; con tu familia, jamás.

Introspección

- ¿Alguna vez he estado ausente en mis actividades cotidianas a causa de mi trabajo?
- ¿Qué significa para mí el trabajo?
- ¿Administro de forma eficiente mi tiempo?

Cambio de paradigma

Con el puño derecho cerrado y la mano izquierda en el pecho, repite en voz alta tu nuevo paradigma. Inhala profundamente y al exhalar, mientras vas abriendo el puño deja ir al "*workaholic*" que llevas dentro:

"Hoy me divorcio del estrés laboral, me convierto en una persona eficiente en mi trabajo y me permito disfrutar de mi vida".

TRACK 7

REDES SOCIALES

(Facebook, Twitter, WhatsApp, Instagram, Snapchat, etc.)

La realidad es que nos es muy difícil resistirnos a la tentación de por lo menos, estar en una de ellas en algún punto de nuestra vida.

Comenzaron como una forma de relacionarse, así como de reencontrarse con viejos amigos y familiares y en la actualidad, hasta los reclutadores en muchas empresas de talla internacional analizan los perfiles de sus candidatos, ya que de ahí pueden observar ciertos gustos, aficiones e inclusos comportamientos sociales que, seguramente, pueden servir como referente en los exámenes psicométricos que realizan.

En lo particular, me declaro fan de las redes sociales, sobre todo Facebook e Instagram, y me gusta "postear" desde reflexiones, los famosos "memes", canciones, fotos, chistes, etc.

Ahora todas estas redes también se han convertido en causas de rupturas amorosas, pero... ¿por qué en un mundo digital, con todas las ventajas que tiene, provocan estas consecuencias?

Ahí te van algunas opciones:

"Postear" tus problemas de pareja

¿Te ha tocado ver en tus redes que, por ahí, alguno de tus contactos ha subido imágenes de tristeza y decepción? A la par que sus amigos comentaban lo que acababa de publicar su amigo y le preguntaban si en algo podían ayudar, ¿lo has visto?

Bueno, normalmente quien publica este tipo de cosas se está poniendo en el papel de víctima, ¡la actitud más cómoda del mundo!, no solo con la familia, como previamente lo analizamos, sino con todo contacto que tenga en ese mundo digital de redes sociales y, siendo honestos, si ya llegaste al punto de postear tus problemas, quiere decir que a tu pareja no le ha importado en absoluto tu enojo. ¿Cómo es entonces que supones que a las personas que tienes agregadas como "amigos" genuinamente les puede interesar tu problema? De ti depende en esos momentos permitir que el morbo y el chisme se conviertan en parte de tu relación.

Antes de postear con el estómago y gritarlo al mundo digital piensa qué repercusiones puede tener lo que escribas, porque lejos de arreglar las cosas, se pueden poner peor y eso jamás va a tener sentido.

Recuerda: **"La ropa sucia se lava en casa".**

¡Ojo aquí! Tus problemas sentimentales no necesitan atención social y mucho menos digital. Necesitan una solución real y, tratándose de un problema con tu pareja, la solución siempre se encontrará ahí mismo. No te engañes creyendo que la solución la encontrarás en las redes.

Uno debe tener el doble de cuidado en postear los problemas sentimentales si ya hay hijos de por medio. Por ahí podemos tener como contactos a los papás de sus amiguitos o compañeros de la escuela y, si por cualquier motivo en otro lado comentan el problema de ustedes y los hijos escuchan, es probable que expongas a tus hijos a que sean blanco de burlas o incluso de cuestionamientos que no les corresponde a ellos contestar.

Si con el problema de la casa es suficiente, imagínate que todavía vengan cosas negativas de fuera de ella.

Priorizar la vida digital por encima de la vida real.

Otra de las causas de problemas en la pareja es el tiempo que se le dedica a las redes sociales. No tenemos que ir tan lejos de donde estamos para darnos cuenta de que, a donde volteemos, hay gente que está metida en sus redes, con la mirada puesta en sus teléfonos.

El acto de "estar, pero no estar"

Nos hemos condicionado tanto al uso de nuestros dispositivos móviles y hemos caído en un exceso de los mismos que incluso momentos que podemos aprovechar con la pareja, los convertimos en un "*swipe*"[21] continuo en las redes. Nos perdemos paisajes, eventos en vivo y limitamos al ojo humano a ser espectador desde la pantalla del móvil, perdiendo de vista lo importante, y justo así sucede con la presencia de nuestra pareja: la tenemos al lado y lejos de mirarla, estamos con el ojo puesto en otro lado y no mirándonos el uno al otro.

¿Sabes qué tan poderoso puede ser verse a los ojos?

¿Por qué no lo compruebas mirando profundamente a tu pareja? Te darás cuenta de que sus almas nuevamente van a "conectar".

---

21 Deslizar sistemáticamente el dedo en el celular, revisando una red social a pesar de que se acaba de revisar.

Infinidad de opciones

A veces nos preguntamos por qué las relaciones de antes eran más duraderas que las que existen ahora y aunque no necesariamente sea una regla, hoy en día como causa de divorcio se mencionan cada vez más las redes sociales, ya sea en el sentido de que uno de los dos descubre en el otro algún comportamiento que considera "inadecuado" o, hablando claro: se está relacionando con alguien en sus redes sociales.

En una época en que la información, los servicios y otros satisfactores de la vida los tenemos a la mano, nuestra paciencia y tolerancia se han visto notablemente reducidas, es decir, si hoy no obtengo de forma inmediata lo que quiero, me frustro y mi tolerancia se pone a nivel cero, y de cierta forma esa actitud la extrapolamos a nuestras relaciones interpersonales: "comienzo a salir con alguien. No cumple inmediatamente mis expectativas: "*next!*"[22], actitud netamente de "úsese y tírese", dando en muchos casos más prioridad a las cosas que a las personas.

Y, efectivamente los noviazgos (cuando empiezas a salir con alguien en plan de amigos) son relaciones que sirven para saber qué sí nos gusta de una persona y qué no. No obstante, cuando te encuentras en una relación más seria, llámese "unión libre" o matrimonio, no puedes actuar de esa misma forma.

¿Qué sucede si mi relación cae en "zona de confort"? Pues resulta que en las redes sociales encuentras esta "variedad" de personas: comparas tu relación y comienzas a considerar que es sencillo deshacerte de las personas como si fueran cosas.

---

22 Siguiente.

¡Atención! Con esto no pretendo decirte que debas quedarte en una relación donde se ha fracturado la confianza y muchas cosas más. Lo único que es necesario siempre es ponderar si realmente tu relación es tan mala como lo piensas, o la estas crucificando con base en lo que ves probablemente en tus redes sociales (todas esas parejas que tú crees que tienen la relación perfecta).

Recordemos que ahí solo vemos esas fotos lindas, esos momentos estupendos, pero ten por seguro que los demonios de las personas jamás aparecen en las fotos.

Autoestima

Hay estudios que refieren que sacarse demasiadas "*selfies*" o postear demasiado son signos de una autoestima baja. Bueno, esa parte dejémosla a los expertos psicólogos. Sin embargo, lo que considero preocupante es que, amén de buscar la aprobación de la pareja, pretendemos la aprobación de nuestro público espectador (dígase contactos, "*followers*"[23] o como le quieras llamar) y eso, en definitiva, ¡no está nada "*cool*"! Nuevamente, las prioridades están trastocadas, desordenadas, y llegan a generar problemas con tu pareja por alguna preocupación derivada de lo que acabas de subir a tu red social.

¿Quieres subir una foto o mil fotos tuyas? "¡*Go ahead!*"[24]. Quieres presumir ante tu pareja, ¡vas!, pero cada cosa que hagas, hazla porque la sientes genuina y no porque necesitas o buscas la aprobación de los demás.

¿Lo habías pensado antes?

23 Término para denominar a las personas ya agregadas a nuestras redes sociales.

24 Proseguir, continuar.

Introspección

- ¿Tuve o he tenido problemas en mis relaciones de pareja e interpersonales a causa de mis redes sociales?
- ¿Cuánto tiempo dedico a revisar mis redes sociales?
- ¿Obtengo algún beneficio personal/económico por pasar tiempo en mis redes sociales?
- ¿Qué red social me absorbe más tiempo y por qué la utilizo?, ¿qué sensación me provoca?
- ¿Me han generado estrés mis redes sociales?

Ejercicio práctico

La próxima vez que estés con tu pareja, apaga el celular diez minutos (no lo pongas en silencio, ni en vibrar) y ¡miral@ fijamente a los ojos! Recuérdale lo importante que es y vuelvan a conectar.

Si esto les funciona, siempre y cuando no exista alguna urgencia, permítanse apagar el teléfono y salgan a disfrutarse.

Cambio de paradigma

Con el puño derecho cerrado y la mano izquierda en el pecho, repite en voz alta tu nuevo paradigma. Inhala profundamente y luego exhala, mientras vas abriendo el puño y dejas ir todo tu mundo digital:

"Hoy me divorcio de las falsas creencias sociales y concentro mi atención en la maravillosa vida real que quiero tener".

INTIMIDAD

Una de las partes esenciales de la pareja sin duda es la intimidad…

Como lo hemos mencionado previamente, cuando iniciamos una relación, tenemos la pasión a tope y los encuentros íntimos son constantes, pero con el paso del tiempo esta dinámica va cambiando… ¿a causa de qué?

¿Seguridad de tener a nuestra pareja en todo momento? ¿Costumbre? ¿Estrés laboral? ¿Hijos? ¿Impedimentos físicos?…

¿Existe algún antídoto mágico para mejorar esta parte de nuestra relación? ¡NO! Ni remotamente lo hay. ¿Entonces deberíamos "echarlo a la suerte" hasta que mejore?, ¡tampoco!

Existe el riesgo de que pueda convertirse en una bola de nieve cada vez más grande e imparable, hasta que la cama se convierta en una montaña más helada que los Alpes suizos, trayendo consecuencias como distanciamiento, indiferencia, mal humor y hasta infidelidad.

En la intimidad lo más grave es NO usar la lengua

Y no me refiero a la parte física. ¡SÍ! úsala para besar a tu pareja, para recorrer su cuerpo, para probar todas las experiencias posibles, pero si te pasa algo, por ejemplo, tienes estrés, si físicamente te sientes mal, te sientes descontent@ con tu cuerpo o si hay alguna situación que te desagrada de tu pareja en la parte sexual o fisiológicamente o alguna cuestión que te impide sentirte plen@ en esta área de tu relación y ¡no lo dices!, ¿crees que tu pareja es clarividente? Peor aún, ¡no le dices nada y la comienzas a evadir? ¿Cómo supones que se sentiría o reaccionaría?

¿Qué pensamientos crees que le vendrían a la cabeza?: "¡Me está engañando!" "¡Ya no le gusto!" "¿Qué estoy haciendo mal?" "¿Por qué me rechaza?"

Creo que cualquier persona, en esa situación, pensaría exactamente lo mismo…

Probablemente ahora puedas darte cuenta de que la intimidad no necesariamente comienza en la alcoba, que el famoso "*foreplay*"[25] comienza por la boca en el momento en que le haces saber a tu pareja tu estado de ánimo, cuando le dices cómo te sientes físicamente, cuando le platicas que te vuelve loco lo que te hace al momento de entregarse, en qué "*mood*"[26] te encuentras día con día. Y existiendo esa apertura conocida como comunicación, habrá mejor calidad y, por ello, también más cantidad de encuentros sexuales.

Un problema que se convirtió en dos

Óscar y María José se conocieron en el trabajo. Con el paso del tiempo y la convivencia que tenían, así como la atracción que sentían el uno por el otro, empezaron a sentir cosas, hasta que se hicieron novios. Unos meses después dieron el gran paso: irse a vivir juntos.

Los primeros meses aprovecharon cada oportunidad para entregarse el uno al otro en su departamento y evi-

25 Jugueteo íntimo en el acto sexual.
26 Humor.

dentemente, la alegría irradiaba en sus rostros (no hay que olvidar todos los beneficios que trae a la salud tener relaciones sexuales, así que ¡ojo!, ya tienes un excelente pretexto: ¡TEN SEXO PARA MEJORAR TU SALUD!).

Con el paso del tiempo y al tener tres pequeños, el cuerpo de María José había sufrido varios cambios. Cabe mencionar que en su último embarazo padeció preeclampsia y fue algo difícil. Sin embargo, al final todo había parecido salir bien.

Nota importante: Sin duda, las mujeres tienen que resistir todos esos sacrificios por un bien mayor: el milagro de la vida; por eso e infinidad de razones más, ¡mis respetos para todas ustedes!

Continuando con este relato, una vez pasada la famosa "cuarentena", tanto Óscar y María José morían de ganas de entregarse. Sin embargo, ella sintió una molestia física en su parte íntima al momento de estar teniendo relaciones. Básicamente, las hormonas le estaban jugando rudo; así que, en lugar de decírselo a Óscar, prefirió callar. Después vino un segundo y un tercer encuentro, en donde ella definitivamente no estaba cómoda. Hasta que, de plano, cuando su pareja se acercaba, ella lo evadía pensando que Óscar no le iba a creer que era algo físico y que lo iba a considerar un pretexto, pero... ¿acaso no estaba ya poniendo los pretextos previamente? Qué más daba decirle su sentir: "Mi amor, me está doliendo. Siento esto, siento lo otro. ¿Por qué no vamos al doctor para ver que tengo?". ¿Qué era lo peor que podía pasar hasta ese momento?

Por su parte, Óscar evidentemente se dio cuenta de esta circunstancia y ¿qué sucedió?, pues dejó de buscar intimidad con María José. Comenzaron una etapa en que todo se centró en los niños, en el hogar, en el trabajo, menos en el tema más importante, ese que es el centro de todo y por lo que comenzó todo lo demás... ellos como pareja.

Óscar se empezó a convertir únicamente en el padre proveedor, en el padre preocupado de que sus hijos crecieran felices y dejó de ser todo lo que era como pareja, llegando al punto de que, sin ninguna razón en especial, prefería ir al cuarto de sus hijos para contarles un cuento o arrullarlos y quedarse dormido ahí; lo que claramente también era un pretexto para no estar cerca de María José, y siguió con esa tendencia de no intentar siquiera tener intimidad con su pareja.

María José ya sufría en silencio esta situación. De una u otra forma sabía que ella había evadido el tema, pero se había salido de control: ya no había comunicación, no había cariños, ni ese beso de los buenos días y ahora estaba completamente segura de que Óscar estaba haciendo exactamente lo mismo.

Un día, ella tomó la iniciativa de buscar el encuentro y sus dudas se disiparon: Óscar la rechazó rotundamente y de ahí se suscitó una pelea en la que él le dijo todo de una forma por demás agresiva respecto al rechazo que había sentido. Fue en ese momento que María José se animó a decirle que físicamente no se sentía bien y en ese momento de enojo (cuando muchas veces ya no sabe uno ni lo que dice) él no le creyó, le recriminó que no le deseara y remató diciéndole que tampoco la deseaba.

Continuaron los gritos y los insultos hasta que Óscar le gritó que él ya había encontrado quien lo deseara y que, efectivamente, le estaba siendo infiel por esa circunstancia, escudándose en sus necesidades y recriminándole que las tenía que buscar en algún lado. ¡Vaya lío!

¡TODO MAL! Es absolutamente estúpido pretextar necesidades fisiológicas (¡échenle la culpa a la pirámide de Maslow!, que se puede consultar en la Wikipedia). Al final, uno decide con su conciencia qué hace y qué no, sobre todo si ya somos adultos, pero el punto central de esta historia es que, de una cuestión hormonal y de una molestia física, que se pudo haber solucionado platicándolo y yendo al doctor, se derivó en un problema mayor, que fue la infidelidad de él y a la postre, el rompimiento que tuvieron, acabando con una familia muy "*cool*"[27], pero por no usar la lengua para hablar, se vino abajo.

Recuerda: ¡método T.R.E.T.A!

Dejar a un lado los tabúes

Hombres y mujeres tenemos prejuicios de todo tipo. Como lo he mencionado, crecimos con patrones de conducta y, en muchas ocasiones, imitamos los que vemos en casa. Hay parejas que aún después de años de estar casados o vivir juntos, sigue existiendo pena entre ellos. A este respecto, una vez conocí a una señora que se despertaba una hora antes de que su marido abriera los ojos y se dormía después de él, todo con la finalidad de que cuando despertara ya la viera maquillada y arreglada y nunca al natural, ¿lo puedes creer? ¡Qué desperdicio que no te conozcan en todos los sentidos!

Entonces imagínate que en casos así, hablar de sexo se convierte todavía en un tema más complicado. Dificilísimo para la mujer expresar su sentir al hombre o viceversa.

27 Buena onda.

Por el contrario, estamos los que hablamos todo de frente, aunque habrá personas a las que les parezca grotesco saber todos los recovecos del cuerpo de nuestra pareja como lavarse los dientes mientras el otro está en el inodoro o mientras uno se baña por poner algunos ejemplos. Créeme, nos liberamos de todo este tipo de circunstancias y, en consecuencia, hablar de sexo se nos hace natural y lo hacemos abiertamente.

OK, suponiendo (sin conceder) que quieras tener tu espacio, ¡adelante!, ¡pero que en la sexualidad no sea!

Recuerda que en la intimidad no hay cosas correctas o incorrectas: hay cosas que te gustan o no te gustan, y ese límite es el que ustedes de forma consensuada establecen para sentirse plenos.

Introspección

Por un momento cierra los ojos y transpórtate a esa primera vez que estuviste con tu pareja... ¿ya estás ahí? Trata de traer a ti todas esas sensaciones, esos latidos del corazón, ese olor, ese lugar... Si ya estás ahí y sabes lo bien que se siente, te invito a que prepares todo el escenario: tú sabrás cómo, cuándo y dónde. Sorprende a tu pareja, comienza por hacerle el amor con la mirada, y atrévete a hacer algo que siempre has querido en la intimidad. ¡Que sea una nueva primera vez para ustedes de aquí en adelante!

¿Tu pareja sabe qué es lo que más te gusta en la intimidad? ¿Sabe qué posición te gusta? ¿Sabe dónde tocarte? ¿Tú sabes qué le gusta a ella? ¿Cuál es la fantasía intima más grande que tienen?

Cambio de paradigma

Con el puño derecho cerrado y la mano izquierda en el pecho, repite en voz alta tu nuevo paradigma. Inhala profundamente y mientras exhalas, ve abriendo el puño y deja ir todos tus tabúes. Hoy estás en el lugar correcto:

"Hoy me divorcio de los tabúes que me han impedido vivir mi sexualidad a plenitud, disfruto de mi pareja y mi pareja disfruta de mí".

TRACK 9

INFIDELIDAD Y VIOLENCIA

No podemos dejar a un lado estos motivos para que una relación llegue a su fin y seguramente te ha tocado escuchar que si uno de ellos dos fue infiel es porque el otro descuidó su relación (como en nuestro capítulo pasado), ¡vaya estupidez!, o la clásica entre los machos: "¡Le pegué porque me provocó!" No cabe tal estupidez en el mundo.

¿No estás a gusto con tu pareja? Habla y si no llegas a ningún lugar en un primer acercamiento, vuélvelo a intentar; si al segundo tampoco y consideras que ya diste lo mejor que podías dar, ¡entonces termina!, pero retírate como todo un caballero o como toda una dama.

Habría que recordar que hay cosas que son fundamentales en una pareja, como la confianza y el respeto; sin estas dos actitudes no hay nada. Al paso de los años y con la experiencia que la misma vida nos va dando, te percatas de que las mariposas en el estómago cambian y la pasión evoluciona, pero lo que perdura a lo largo de la vida es ese respeto, la complicidad que se cimentó con el paso del tiempo.

Sin ellas, una relación está muerta desde antes de haber iniciado.

Una cadena de eventos lamentables

Este lamentable ejemplo involucra los dos aspectos de este capítulo, pero es clara muestra de cómo no tomar las mejores decisiones complica en demasía todo:

Patricia y Jorge, eran una pareja que llevaban más de 20 años casados (y contando) tenían tres hijos (dos mujeres y un hombre). Ella con un buen cargo en el servicio público y él, profesor.

Se casaron muy jóvenes: ella recién tenía cumplidos los 20 años y él tenía 22. Con el paso del tiempo y con muchas metas por cumplir, forjaron su patrimonio y una familia estable hasta hace unos años.

Ante el altar se juraron fidelidad, respeto y todos esos maravillosos votos que, de cumplirlos cabalmente, nos evitaríamos tantos y tantos problemas y este libro no tendría razón de ser. Sin embargo, tal parece que a los seres humanos nos gusta complicarnos la existencia.

Hace unos años, Jorge conoció en su trabajo a una mujer con la cual comenzó a tener una relación extramarital. ¿Sus motivos?, monotonía con Patricia, la "cosquilla" de que la mujer con la que estaba siendo infiel era más joven, valoraba los detalles que él tenía con ella, y que era linda con él.

Patricia no es una mujer sumisa y mucho menos tonta, goza de una inteligencia e intuición que ha desarrollado a lo largo de los años por el puesto que tiene. Hasta hace unos años vivía tranquila y dedicada a su familia, pero al darse cuenta de la infidelidad de su marido, comenzó a actuar de una forma inesperada.

Cuando tuvo la certeza que le "estaban poniendo los cuernos", lejos de hablar en pareja y darle solución a su problema (si es que acaso tenía solución), cuando Jorge llegó a su casa, lo golpeó y lo exhibió delante de sus hijos, lo insultó hasta que se cansó, pero la serie de insultos continuó por parte de ellos también.

Fue una noche larga para Jorge. No obstante, al otro día Patricia se levantó como si no hubiera pasado nada, preparó el desayuno y lo único que se limitó a decirle a él fue que dejara su relación extramarital, a lo que Jorge aceptó su error y dejó esa relación.

¿Entonces ya todo estaba bien?, ¡pero por supuesto que no! Apenas comenzaba el calvario de Jorge, que hasta el día de hoy continúa pues a la menor provocación, ya sea que Jorge llegue un poco tarde de su trabajo, no conteste una llamada o que estando con ella, tome su teléfono, comienza la violencia psicológica: humillándolo, haciéndole saber que es un infiel y que no vale nada como persona, que ya no siente nada por él y, si la explosividad de Patricia en ese momento está alta, nuevamente golpea a Jorge.

¡Dios mío! ¿Qué clase de relación es esa? Él cometió un gravísimo error, pero ambos siguen cometiéndolo estando en una relación donde ya no hay respeto en absoluto, donde no se están percatando de que nuevamente los más afectados, aunque no sean ya unos bebés, son sus hijos y que en algún punto de sus vidas también formarán familias.

Al día de hoy, siguen juntos en ese círculo vicioso. No hay mucho más que decir al respecto.

Introspección

- Si tú eres infiel, ¿qué te está motivando a hacerlo?
- Si sabes que tu pareja te es infiel y prefieres aguantártela, ¿cuál es el motivo para no soltar y buscar una vida mejor?

- ¿Le generas violencia física o psicológica a tu pareja?, ¿qué es lo que pretendes demostrar haciéndolo?
- Si permites la violencia en ti, ¿cómo está tu autoestima?

Cambio de paradigma

Con el puño derecho cerrado y la mano izquierda en el pecho, repite en voz alta el cambio de paradigma. Inhala profundamente y luego exhala, mientras vas abriendo el puño y dejas ir cualquier idea errónea del amor:

"¡Hoy me divorcio de la idea falsa de que el amor es sufrimiento y comienzo a diseñar mi interior para poderlo manifestar en mi realidad!"

TRACK 10

LA PERFECCIÓN "IMPERFECTA"

¿Y qué decir de esas parejas que conoces y se llevan súper bien?, tanta afinidad que no existen los problemas de ego; las finanzas se encuentran totalmente sanas; no hay ni remotamente indicios de violencia física o psicológica. Los hijos son parte importante de la relación (cuando existen), ni hablar de infidelidad porque hay un absoluto respeto, es decir, una relación, a los ojos del mundo "perfecta".

Pero, ¿qué sucede cuando con el paso del tiempo (ya sean unos meses, años, incluso décadas) estas relaciones no se enfrían, pero tampoco son cálidas, sino que se "entibian"?

Una relación "tibia", es el peor estado que una relación puede tener, ¿por qué?

Hilda y Janeth

Tuve la oportunidad de conocer en una fiesta a estas dos grandes mujeres. Después de unas horas de plática, comprendí que su vida estaba basada en ciertas directrices que simplemente acataban como si de ello dependiera su existencia. No obstante que no comparto una vida inflexible, ¡me cayeron perfecto!

Se conocieron por cuestiones laborales y está por demás decir que, de cierta manera, una se vio reflejada en la otra, y eso hizo que decidieran tener una relación.

Pasados unos meses y con "manual en mano", decidieron vivir juntas al ver que su relación iba perfecta; están por cumplir ya siete años de esta convivencia.

Hace un par de meses que platiqué con Hilda. Al preguntarle cómo estaba Janeth, me comentaba que muy bien, que todo perfecto con ella, mas cuando la interrogué sobre cómo iban como pareja, su respuesta me dejó perplejo:

Hilda: "Bien ya sabes, de hueva nuestra relación, pero bien… sin problemas".

Ahondé un poco más en la respuesta y pregunté a qué se refería con que "de hueva" y su respuesta fue:

Hilda: "Pues sí… ya sabes, no tenemos problemas ni nada, pero como que ahora la veo solo como mi amiga, y yo creo que ella, igual. Estamos en nuestra zona de confort".

Continué: "¿No les gustaría proponer ideas para ponerle la "chispa" que le falta a la relación?".

Hilda: "¡No mames Guillermo, sabes que eso no nos sale! No somos de sorpresas o cosas así; nunca lo fuimos y ahora creo que no es el momento para hacerlo. Así estamos bien".

Terminé con la siguiente pregunta (y es una pregunta que te planteo a ti, si estás en esta circunstancia también):

"¿Por qué si no se sienten plenas y ambas saben que están igual, no lo platican y deciden cada quien buscar un nuevo horizonte que les haga recuperar el rumbo?".

Hilda: "¿Cómo crees? ¡Está de flojera! Imagínate volver a empezar después de seis años… como quiera que sea ya conocemos cómo somos. Esto es lo que nos tocó y otra persona no entendería cómo somos".

"Speechless"...

Frío o caliente, pero tibio ¡jamás!

Si vives en una relación "fría", donde hay problemas, discusiones continuas de diversa índole, y están interesados en rescatarla, ten por seguro que ambos tratarán en buscar las mejores soluciones. Descubrir tal vez, el área de oportunidad de ambos, y a eso querid@ amig@, se le llama ¡CRECER!, ya que tienes un objetivo y, los objetivos e ilusiones que uno pueda tener sí te hacen VIVIR ¡o al menos morir en el intento!

Por otro lado, si tienes una relación "caliente" y espectacular, llena de picardía, risas, aventuras, estoy seguro de que están en la línea de querer más y más de la vida, de sorprender a tu pareja, y a esto se le llama VIVIR EN PLENITUD y lo mejor, te has divorciado de todos esos pensamientos de tristeza, frustración e incertidumbre y eres de los que ven el vaso medio lleno ¡siempre!

Entonces... ¿tener problemas como pareja es bueno?

¡Obvio que no, pero ¿cómo creces? Superando circunstancias, llegando a acuerdos, tolerando distintos puntos de vista, con desapego, rompiendo paradigmas. Digamos que esos "problemitas" son la sal y la pimienta de una relación.

Una relación "perfecta", aparte de que no existe, tampoco nos haría crecer en absoluto, y con el paso del tiempo llegaríamos a esta tibieza de la que estamos hablando, y sería peligroso quedarnos en esa zona de confort donde no crece nada más que los miedos a perder una "estabilidad" que solo existe en tu cabeza, porque en el instante en que uno de los dos "despierte" y quiera ir por más en su andar por esta vida, todo eso que tú pensabas que estaba estable, se viene abajo...

Tener una "estabilidad" y "estar bien" siempre serán el peor enemigo de lo extraordinario que te pueda pasar en la vida; quedarte en un lugar porque resulta que comenzar de nuevo te da miedo o te da flojera, simplemente rompe el círculo virtuoso de tu vida y paraliza una de las fuerzas vitales de la existencia como es el amor, la energía más poderosa que existe.

Entonces... "*Should I stay or should I go?*[28]"

No hay respuesta correcta, no somos jueces para sentenciar qué sí y qué no debes hacer o qué camino tomar. Recuerda: ¡libre albedrío! Aunque creo que, si decides quedarte con tu pareja, solo es cuestión de salir tantito del esquema cuadrado y ¡ponerle chispa!

¿Qué les puede incomodar? ¡Sí!, pero precisamente en esa incomodidad el cerebro comenzará a trabajar fuera de sus mismos patrones de toda la vida y ¿quién lo sabe?, puede resultar divertido ¿no crees?

Si decides no irte del cliché de relación que tienes, siempre recuerda hablar con la verdad.

Porque, como lo hemos mencionado en estas líneas, la comunicación es básica en una relación: antes de ella, cuando estás en ella y cuando te quieres ir de ella. Probablemente escuches cosas que no te parezcan, pero si escuchas con apertura, de igual manera crecerás, anali-

28 Should I stay or should I go.

zarás y, asimismo, puede servirte para tus futuras relaciones sentimentales.

Cambio de paradigma

Quiero que, en este momento, con el puño derecho cerrado y la mano izquierda en el pecho, repitas en voz alta tu cambio de paradigma. Inhala profundamente, mientras vas abriendo el puño y dejas ir esa antigua creencia repite:

"Hoy me divorcio de los hábitos cuadrados que he impuesto en mi relación y abro mi mente y mi entendimiento para hacer de la misma un viaje espectacular".

TRACK 11

NEGOCIOS RIESGOSOS

Hemos decidido dar ese "siguiente paso" con nuestra pareja, pues ya hemos vivido con ella en unión libre un par de años, de donde ha resultado que las cosas son tan buenas que queremos formalizar la unión, o sea, ¡quieren casarse!

Una vez que ya han tomado esta decisión, y se ha decidido fecha, hora y lugar para consumar este acto, también vienen otras pequeñas decisiones que parecieran insignificantes, pero que con el paso de los años pudieran resultar cruciales…

Zoé y Rafael

Esta joven pareja, ilusionada y con la idea del amor que muchas veces la mercadotecnia nos ha vendido durante décadas, se casaron (porque ellos jugaron sus cartas "*big time*"[29]; nada de que vivamos juntos y probemos si funciona), nada más y nada menos que a la edad de 19 años. Quiero subrayar que nadie es amo de la razón para juzgar si esa decisión está bien o está mal, ya que cada uno es responsable de las resoluciones que tome.

Con el paso de los años, Zoé y Rafael tuvieron la dicha de tener mellizos, y trabajaron intensamente porque ambos querían tener una vida holgada y brindarles lo mejor a sus hijos. Varios años después, su frase favorita era "retírate antes de los 40", frase popular que alude a hacer negocios para poder disfrutar tu vida a partir de

29 Tomar el riesgo.

los 40 años y ser independientes en cuestiones económicas. Ambos tienen habilidad para crear cosas, detectar oportunidades y aprovecharlas, así como vender. A la fecha es algo realmente envidiable e increíble que, por ejemplo, si el día de hoy deciden comprar un terreno a la mitad de la nada, mañana en la mitad de esa nada alguien decide construir un "*mall*"[30] y el valor de ese terreno sube dramáticamente, dando como resultante que los activos de ellos también suban. Fue así como poco a poco fueron incrementando su capital a sus 35 años y en la actualidad, suma una estupenda cantidad entre dinero, inmuebles y otro tipo de cosas materiales. Con creces han cumplido su frase motivadora.

A parte de ser esposos, se convirtieron en los mejores socios de negocios que podrían haber tenido el uno y el otro.

¿Está uno dispuesto a pagar el precio?

Y aunque este relato financieramente es un ejemplo de que trabajar inteligentemente es más rentable que trabajar "duro", no sabemos qué tan alto para ellos haya sido el precio que han pagado…

Si bien se casaron muy enamorados, ambos son muy conscientes de que con el paso de los años ese impulsivo sentimiento de los 19 años se ha ido esfumando y se han convertido en amigos y en los mejores socios, y no tienen reparo en expresarlo. La pregunta lógica de mi parte es: si ya no sienten esa chispa y no existe ese sentimiento, ¿por qué siguen juntos? Y su respuesta es clarísima y muy honesta: cuando se casaron jamás imaginaron todo lo que iban a lograr. Se casaron bajo el régimen de so-

30 Centro comercial.

ciedad conyugal, conocida por el grueso de la población como "bienes mancomunados", y la verdad les da pereza enfrentar un proceso de divorcio y tener que dividir todo, enfrentarse al lío con los hijos, etc.

Consejo legal: como abogado, siempre sugiero un régimen de separación de bienes en el matrimonio. Después de todo, al principio de la relación ¿por qué deberían de preocupar tanto los bienes materiales? Preocúpate de que tu pareja te trate bien, tenga integridad, sea honest@ contigo, etc. Al final, el éxito de una relación real se basa más en esto que en los bienes materiales, y créeme que si hay valores en la relación, lo material viene por añadidura. Repito: esto es un consejo legal y opinión totalmente mía. Tú, en tu caso particular, sabrás qué hacer.

Continuando con el tema de Zoé y Rafael, y en esta plática tan abierta, el tema pasó a la cuestión de la intimidad. Refirieron que ambos, cuando "tenían ganas", únicamente se desfogaban, pero que realmente lo que tenían ellos era una especie de acuerdo, y que hasta cierto punto entendían que, a lo mejor, alguien les podría "mover el tapete y enamorarse", pero su acuerdo era más importante, ¡en beneficio de ellos y de sus hijos!

Si realmente llegara esa persona, a la que amaras con todas tus fuerzas y no pudieras estar con ella por esos acuerdos de los bienes mancomunados, ¿qué harías?

Introspección

- ¿Tú pagarías el precio de la conveniencia en una relación?
- En caso de pagarlo, ¿qué te motivaría a hacerlo?

- ¿Cuáles podrían ser las consecuencias de pagar ese precio?

Cambio de paradigma

Habiendo realizado tu ejercicio de introspección, con el puño derecho cerrado y la mano izquierda en el pecho, repite en voz alta el cambio de paradigma. Inhala profundamente, mientras vas abriendo el puño y dejas ir esa antigua creencia:

"Hoy me divorcio de la creencia de los acuerdos que limiten mi felicidad y mi libertad".

¿QUÉ SIGUE?

Si estas hojas que has leído te han hecho reflexionar un poco acerca de todos y cada uno de los temas que hemos tocado; si esos temas han hecho que tu relación no esté funcionando o no haya funcionado de la forma en la que esperabas, ¡agradezco tu confianza!

De igual manera, si hay algún tema que tú consideres te está afectando en tu relación, me encantaría que me lo hicieras saber al correo que al final del libro te proporciono. Probablemente, juntos encontremos un camino.

Es probable que en algún momento te toque la difícil decisión de elegir entre seguir con tu pareja o separar los caminos.

Quiero decirte que sea cual sea la decisión que tomes, es TU DECISIÓN, y divorciarte no es cuestión que de la que se deduzca una respuesta correcta o incorrecta, sino la que a ti te haga más feliz, te haga crecer y te haga llegar a ese propósito que te has planteado en tu vida.

Si tu situación particular es crítica y has tenido pensamientos, como quitarte la vida, no dudes en acudir a alguna ayuda profesional para que diagnostique tu problema. Créeme... ¡todo va a estar mejor!

De igual forma, si en un acto de absoluta reflexión quieres tratar de recuperar tu relación, sabiendo que hay cosas que corregir y que puedes ofrecer una mejor versión de ti, ¡bien hecho! Me encantaría conocer tu historia.

Si para ti hoy ha sido un día mejor que ayer, y esto te ha ayudado con tu proceso de divorcio y ahí la llevas. ¡TE FELICITO!

Continúa por ese camino y apóyate de toda esa gente que te quiere y que suma a hacerte un poquito más feliz. Búscate un "*coach*"[31] para fijarte nuevos objetivos y traza un plan que te haga llegar más pronto a los mismos.

Pero lo más importante, como podrás haberte dado cuenta, es romper con todos esos prejuicios que nos han atorado en nuestra vida y en nuestras relaciones.

Cambio de paradigma

¡Las siguientes líneas son todas tuyas!

Llegó la hora en la que con el puño derecho cerrado y la mano izquierda en el pecho inhales profundamente y al exhalar repitas en voz alta TU NUEVO PARADIGMA DE VIDA. ¡Este será tu mantra y te recordará tu destino!

____

____

____

____

____

31 Entrenador, persona que te sirve de apoyo para alcanzar objetivos determinados.

TRACK 13

LA ÚLTIMA INTROSPECCIÓN

Tenemos mucho que trabajar, por lo que a continuación te dejo un set de preguntas que probablemente te ayuden a clarificar tu camino.

Estas son solo una serie de cuestionamientos "guía", ya que las mejores preguntas que te puedes hacer son las que vienen desde lo más profundo de tu ser y, en consecuencia, tendrás las respuestas más honestas.

- Mi motivación principal en la vida es:
- ¿He alcanzado ese objetivo que me motiva?
- De haber conseguido ese objetivo, ¿cuál fue la sensación que tuve?
- De no haber conseguido mi objetivo, ¿qué o quién me lo está impidiendo?
- ¿Cuál es la cualidad que más busco en mi pareja?
- La cualidad que busco en mi pareja, ¿yo la poseo?
- ¿Qué me ha funcionado de la forma como he llevado mis relaciones?
- ¿Qué obstáculos he encontrado en mis relaciones?
- ¿Qué necesitaría hacer/tener para mejorar mi forma de ser?
- ¿Qué expectativa tengo de mis relaciones?
- ¿Cómo sería mi vida si tuviera una relación ideal?
- ¿Soy la persona ideal para mi pareja?
- ¿Cuáles son mis prioridades en una relación?
- En una escala de 1 al 10, ¿qué tanto he hecho por mejorar mi relación y qué tanto ha hecho mi pareja por mejorarla?

- ¿Qué hábitos puedo empezar a tener para ayudar mi relación?
- ¿Qué hábitos necesito dejar a un lado para que mi relación mejore?
- En mis relaciones, ¿he establecido límites?
- ¿Qué me gusta hacer?
- ¿Qué le gusta hacer a mi pareja?
- ¿Qué nos gusta hacer en común?
- ¿Qué tan agradecido estoy por la vida que tengo?
- ¿Qué tan agradecido soy de las cosas que mi pareja hace por mí?
- ¿Qué me hace sonreír de mi pareja?
- ¿En qué áreas de tu vida eres fuerte y puedes ayudar a tu pareja?
- ¿En qué áreas de la vida de tu pareja es fuerte y te puede ayudar?
- ¿Tenemos alguna meta financiera/personal/profesional en común mi pareja y yo?
- ¿Sabes exactamente lo que te hace feliz?
- ¿Cómo te sientes cuando se cierra un ciclo?
- Del 1 al 10, ¿qué tan adaptable eres a los cambios?

¡DIVÓRCIATE, Y SÉ FELIZ!

Hemos llegado al final de este viaje musical, personal, sentimental, de buenos recuerdos, de malos recuerdos. Si llegaste a este punto, me encuentro infinitamente agradecido y espero con todo mi corazón que al menos algo de este libro te ayude de ahora en adelante.

Hay cuatro leyes espirituales, provenientes de la India, que quisiera compartir contigo e interpretarlas a mi manera, sin importar el credo o religión que profeses. Lo esencial es la valentía frente al cambio, recordando que lo único constante es justamente eso… el cambio.

Primera ley

"LA PERSONA QUE LLEGA A TU VIDA ES LA PERSONA CORRECTA"

¿Has escuchado sobre las "casualidades"? ¡No existen! Todas las personas que llegan y se relacionan con nosotros están ahí porque resultan ser maestros para nosotros, para ayudarnos a crecer y, a su vez, nosotros nos convertimos en maestros de ellos. Hay que recordar que a veces nuestro semejante también es nuestro espejo y lo que nos molesta en él probablemente lo tenemos que trabajar en uno mismo.

Segunda ley

"LO QUE SUCEDE ES LA ÚNICA COSA QUE PODÍA HABER SUCEDIDO"

Es probable que, en muchas de las ocasiones, recurras al "hubiera" cuando algo te sucede y créeme, por experiencia propia sé que cualquier problema siempre resulta una "bendición disfrazada". Si yo no hubiera vivido lo que hasta el día de hoy he vivido, este libro jamás habría salido a la luz. Si tú no estuvieras en el punto en el que estás, es probable que tampoco lo hubieras leído.

Tercera ley
"EN CUALQUIER MOMENTO QUE EMPIECE ALGO, ES EL MOMENTO CORRECTO"

¡Sí!, y muchas veces nos frustramos de que las cosas no se den en el momento que nosotros queremos, pero ¿has notado en tu vida que existe un *"timing"*[32] perfecto y que cuando comienzas a cuestionarte por qué antes no había ese *"timing", y* razonas que el día que comienza es ese momento perfecto? ¡Antes no estábamos preparados!; esto es aplicable a relaciones, trabajos, proyectos, etc.

¿Estás preparado para lo que viene?

Cuarta y última ley:
"CUANDO ALGO TERMINA, TERMINA"

En efecto, hay que ser persistente, aunque también es inteligente saber retirarse en el momento adecuado. ¿Cuál es el momento adecuado? Yo creo que cuando sabes que diste lo mejor de ti y aun así los resultados no fueron los esperados. En ese momento uno avanza y deja ir. ¡Tuvimos nuestra enseñanza y estamos mejor preparados para lo que viene!

¡Cierra el ciclo! ¡Se está abriendo uno mejor!

---

32 Momento oportuno.

Día a día tenemos la oportunidad, pero sobre todo la opción de ser felices. Ahora bien, ¿cómo?

Divórciate de tu pasado, ese ¡FUISTE TÚ!

Divórciate de tus creencias. ¡MUCHAS DE ELLAS LAS HAS IMITADO!

Divórciate de tus patrones. ¡MUCHOS DE ELLOS TE HAN LIMITADO!

Divórciate de tus miedos. ¡SOLO EXISTEN EN TU CABEZA!

Divórciate de todas esas ideas limitantes.

El Universo en su infinita bondad, tiene un sinfín de posibilidades y el mejor motivo para disfrutar de esta única vida que tienes ¡ERES TÚ!

"Closing time...Every new beginning comes from some other beginning's end."

Semisonic. "Closing Time", 1998.

Divórciate, y sé Feliz

Guillermo.

La presente edición se terminó de imprimir en la
Ciudad de México durante el mes de septiembre
del 2021, en los talleres litotipográficos
de la casa editora. La edición consta
de 1000 ejemplares.

Si tienes alguna duda o comentario,
puedes contactar al autor en
el siguiente correo:
divorciateysefeliz@gmail.com

www.ingramcontent.com/pod-product-compliance
Lightning Source LLC
LaVergne TN
LVHW041127150826
845673LV00007B/2208